知识领航财富人生
舵手俱乐部 www.duoshou108.com

外汇交易入门

大卫·博尔曼 著
贾 瑞 译

山西出版传媒集团
山西人民出版社

图书在版编目(CIP)数据

外汇交易入门／（美）博尔曼著；贾瑞译. --太原：山西人民出版社，2015.11
ISBN 978-7-203-09391-6

Ⅰ.①外… Ⅱ.①博… ②贾… Ⅲ.①外汇交易 Ⅳ.①F830.92

中国版本图书馆 CIP 数据核字（2015）第 286900 号

David Borman
Forex Demystified
0-07-182851-6
Copyright© [2010] by McGraw-Hill Education.
All Rights reserved. No part of this publication may be reproduced or transmitted in any form or by any means, electronic or mechanical, including without limitation photocopying, recording, taping, or any database, information or retrieval system, without the prior written permission of the publisher.
This authorized Chinese translation edition is jointly published by McGraw-Hill Education and SHANXI PEOPLE'S PUBLISHING HOUSE.This edition is authorized for sale in the People's Republic of China only, excluding Hong Kong, Macao SAR and Taiwan.
Copyright© [2016] by McGraw-Hill Education and SHANXI PEOPLE'S PUBLISHING HOUSE.
版权所有。未经出版人事先书面许可，对本出版物的任何部分不得以任何方式或途径复制或传播，包括但不限于复印、录制、录音，或通过任何数据库、信息或可检索的系统。
本授权中文简体字翻译版由麦格劳－希尔（亚洲）教育出版公司和山西人民出版社合作出版。此版本经授权仅限在中华人民共和国境内（不包括香港特别行政区、澳门特别行政区和台湾）销售。
版权©[2016]由麦格劳－希尔（亚洲）教育出版公司与山西人民出版社所有。
本书封面贴有 McGraw-Hill Education 公司防伪标签，无标签者不得销售。

著作权合同登记号　图字：04-2016-006

外汇交易入门

著　　者：（美）大卫·博尔曼
译　　者：贾　瑞
责任编辑：席　青

出 版 者：山西出版传媒集团·山西人民出版社
地　　址：太原市建设南路 21 号
邮　　编：030012
发行营销：0351-4922220　4955996　4956039　4922127（传真）
天猫官网：http://sxrmcbs.tmall.com　电话：0351-4922159
E-mail：sxskcb@163.com　发行部
　　　　sxskcb@126.com　总编室
网　　址：www.sxskcb.com
经 销 者：山西出版传媒集团·山西人民出版社
承 印 者：大厂回族自治县德诚印务有限公司

开　　本：710mm×1000mm　1/16
印　　张：15.75
字　　数：224 千字
印　　数：1-8000 册
版　　次：2016 年 9 月　第 1 版
印　　次：2016 年 9 月　第 1 次印刷
书　　号：ISBN 978-7-203-09391-6
定　　价：45.00 元

如有印装质量问题请与本社联系调换

赠 献 词

这本书奉献给所有希望掌控自身财务命运的读者们——即使不能成为那个"在压路机前捡起地上的每一分钱"的人，但长时间的努力可以为自己和家人积累财富。在这本书中我要大声感谢我的妈妈，是她对财务以及金融的规划，使我们富足地度过了退休后的岁月。妈妈，你太棒啦！

前　言

外汇买卖者，即外汇市场的交易者，参与了全球最大的亦是流动性最强的市场。外汇交易市场联结了世界各国的银行、券商及做市商，交易者可以对超过50种的货币进行每周6日、每日24小时不间断的买进及卖出操作。

尽管外汇市场是一个新兴的市场，但仍有许多个人投资者为获取收益，开始学习、研究美国、欧洲、英国及亚洲等地的利率、经济信息、经济增长率及交易模式，他们掌握上述信息以及若干制图技能就可以与机构投资者以完全相同的方式进行交易：即在现货市场在线交易外汇。

相较于标准的证券交易，基于在线市场的外汇交易有许多优势。与传统证券交易相同，外汇交易者可以进行保证金交易，并借此放大自身交易账户的规模及收益。但对于外汇交易而言，其杠杆比率可以远高于标准证券交易所允许的水平，再加上24小时不间断的交易及全球性的市场，外汇交易者与对冲基金、共同基金及其他全球性机构投资者的规模及收益不相上下。

通过阅读本书，你将会了解外汇交易由什么构成，同时你会了解多重杠杆交易使交易者以少量的资金获取巨额收益的原理。

在一个交易日内，交易者获得10%、12%甚至是15%收益率的可能性是存在的，甚至在晚上进行建仓并在第二天造成平仓的情况下，获得上述收益也是有可能的，这意味着投资者在参与外汇交易的同时，仍可拥有一份全职工作。

在隔夜交易中获得高水平的投资回报时，同样可以控制交易风险：你可以在这本书中学习到风险管理手段，以及使用软件在确定的利润点自动

外汇交易入门

平仓的方法，这样你就可以开启"设定并自动执行"模式，然后放心地离开电脑。

这本书同样可以使你了解如何搜索并使用货币发行国基本面信息，并根据信息推断货币走势，即选取何种货币作为交易对象可获得较高收益；除此之外，你还可以学习如何使用图表辅助决策，这两个方面是外汇交易的基础。

阅读本书的原因很简单：你并非市场新手，你可能已经尝试投资过股票或基金，现在你希望寻找更刺激、更具挑战性的领域进行投资。人们常说，证券交易是交易中最基本的形式，但你会发现学习如何进行外汇交易并不困难——一旦你学会了交易基础，那么阅读新闻、解读市场、推断货币组合的价值并且进行外汇买卖操作，就是一件水到渠成的事，当然，与此同时还可以控制风险。

首先需要说明的是，外汇交易是所有已知交易中风险最大的一种。在保证金水平高于50∶1的情况下，当货币对价值增长1%时，将有50%作为盈利转入交易者的账户！这种性质的收益通常会使交易者在短短一夜、一周或一个月的时间内获得巨额财富，这也正是为何如此多交易者（包括机构投资者和职业操盘手）如此青睐这一市场的原因；与此同时，由于该市场高杠杆的特征，货币对价值1%的跌幅将会导致交易者账户50%的损失，这会对交易者账户的损益记录产生灾难性的影响，更糟糕的情况下，交易者会收到追缴保证金的通知，甚至账户可能会被强制平仓。

学习外汇市场理论与实务，既有简单的方式也有困难的方式，困难的方式不外乎是开立一个外汇交易账户，存一笔保证金，提高杠杆比率，然后开始交易。保证金水平在10∶1、20∶1或50∶1的情况下，事情发生得很快，如果不知道一项交易应该投入多少资金，不知道什么时间买进，什么时间卖出，连对一种货币应该看多还是看空都不清楚，就很容易使交易者损失全部投资。相信我，我遇到过这种情形。我的第一次交易是做多瑞士法郎，我完全不知道该如何操作，然后大约过了五分钟，突然账户收到了追缴保证金的通知，而我只是坐在那里迷惑不解："到底发生了什么？"

前　言

我着实花费了不少精力进行学习和研究，加上之前在对冲基金机构工作的经验，我开始在模拟账户操作中不断盈利，我就是在那个时候发展出了一套自己的交易体系，这个交易体系就是我将要向读者们介绍、和读者们分享的成果，该交易体系基于清晰、有效的信息，使交易者免于繁琐数据的束缚。考虑到我十分喜欢外汇交易并十分讨厌赔钱这一事实，该交易体系设计的初衷非常简洁、保守。我信奉一个理论：如果一个交易系统奏效，那就使用它。既然可以设计为简单明了，那么就不要把它搞得很复杂。

外汇交易账户就像是经纪账户，你从一开始就应该保持"为赚钱、享受并从中学习"的态度，这样你会发现其实外汇交易十分简单，并非像多数人想象的那般复杂，同时还充满着乐趣！

如果你还未开始关注世界上各金融市场和不同地区经济发展的话，你最好在阅读期间把这项任务作为一个目标，因为外汇市场是一个全球性的市场，交易者的收益将与不同国家或不同经济区经济形势的好坏直接挂钩，比如，当你阅读这本书时，你将会了解中国的经济是如何影响其他国家经济的，欧元区的经济是如何影响东欧及斯堪的纳维亚三国的，美国经济又是如何影响全世界经济体的，你将开始自我提问，"我该如何在今天的市场上进行交易"，并且自己寻找答案。

这些问题是外汇市场交易的核心。借助在本书中所了解的交易体系，你将会摸索出一种方法，这种方法将引导你抓住好的交易机会，并成为成功的投资者。不同于需要从5000多种证券中进行选择的股票市场交易者，外汇市场交易者可以只专攻2—4种货币对。你会发现这些货币对会逐渐成为你最喜欢交易的对象，因为在一次次的交易过程中，它们的未来收益对于你而言将会变得很容易预测。

如何使用这本书

首先最重要的是，外汇交易者需要进行实际操作，最佳练手的方式是

外汇交易入门

进行网上模拟交易，在网络上这种免费的软件多达数百个。当你阅读到本书中所介绍的案例时，可以随手登录模拟账户进行练习，这样才能切实掌握外汇交易的操作，多花一些时间阅读这本书，领会书中的要点。多数职业操盘手会结合直觉与信息分析市场，当你在外汇交易中积累的经验足够多时，你也可以灵活运用两种策略决定方法。

　　吃完晚饭，你可以边看电视边进行外汇投资。在白天，如果有工作，那么就在午饭时用手机或平板电脑关注货币对价值走势，并寻找好的建仓或是平仓时机。熟能生巧，在不知不觉中，你就有能力用真实资金进行交易了。在外汇交易中获利是一件令人兴奋，甚至是激动的事情。在你事先就明白自己一定会在这笔交易中获利，并且现实确实与你的预测相吻合时，你会更加欣喜。这样一来，这种交易模式就可以被持续使用下去，并不断为你带来收益。

　　本书为外汇交易的入门书籍，旨在带领读者了解这一刺激、有趣并有着高回报率的投资领域。学习、阅读以及持续的交易，是在外汇市场中获得成功的三个秘诀。

大卫·博尔曼

目　录

第 1 章　外汇交易简介 ………………………………… 1
　　如何通过外汇交易获利 ……………………………… 3
　　参与外汇交易的含义 ………………………………… 6
　　外汇交易中使用杠杆 ………………………………… 8
　　比股票交易高的杠杆率 ……………………………… 9
　　外汇市场发展历史 …………………………………… 12
　　经济和金融政策的简介 ……………………………… 15
　　目前经济形势 ………………………………………… 16
　　练习题 ………………………………………………… 18

第 2 章　为交易做好准备 ……………………………… 21
　　学会处理情绪化交易 ………………………………… 23
　　可在外汇交易上花费的时间 ………………………… 24
　　风险容忍度 …………………………………………… 26
　　可用资金 ……………………………………………… 27
　　你可以单独进行交易了吗？ ………………………… 28
　　志趣相投的交易者以及其他的支持组织 …………… 30
　　备用计划 ……………………………………………… 33
　　学会聆听市场 ………………………………………… 34
　　情绪化的市场 ………………………………………… 38
　　经济新闻时间 ………………………………………… 41
　　练习题 ………………………………………………… 42

第 3 章　如何在网上操作外汇交易 ········· 45
　　长短线视角 ········· 47
　　交易软件 ········· 51
　　金字塔交易法 ········· 55
　　练习题 ········· 56

第 4 章　外汇交易及整体投资：外汇交易能否使交易者达到投资目标 ········· 59
　　用不同的交易方式达到目标 ········· 61
　　与你的交易风格相符的外汇账户 ········· 62
　　外汇交易风险因素 ········· 62
　　外汇交易以及投资组合 ········· 65
　　外汇交易：资本利得及利息收入 ········· 68
　　高风险高收益交易方式 ········· 79
　　激进型交易 ········· 83
　　发展中国家货币 ········· 86
　　建立外汇交易信心 ········· 91
　　练习题 ········· 93

第 5 章　外汇交易的更多技巧 ········· 97
　　投资分散化是至关重要的 ········· 99
　　分解一笔获利交易的过程 ········· 101
　　使收益滚动起来 ········· 103
　　趋势交易 ········· 106
　　玩转利率差 ········· 107
　　市场修正 ········· 108

外汇自动交易系统 ·· 110
　　练习题 ·· 112

第6章　运用分析方法获得更多收益 ············· 115
　　基本面分析的基本准则 ································· 117
　　利率以及外汇交易 ······································ 121
　　技术分析 ··· 126
　　技术指标的基础知识 ··································· 127
　　利用移动平均线寻找交易时点 ························ 138
　　支撑与阻力指标 ··· 140
　　练习题 ·· 143

第7章　如何使交易思路奏效 ························· 147
　　通过外汇交易提高收入水平 ·························· 149
　　保守型交易及国库券 ··································· 150
　　"试驾" ·· 153
　　使外汇交易成为生活的一部分 ······················· 154
　　交税 ··· 157
　　通过外汇交易软件完成外汇交易的过程 ·········· 158
　　外汇交易与财务自由 ··································· 166
　　练习题 ·· 168

第8章　如何寻找好的交易机会 ······················ 171
　　多样化的新闻报道决定不同货币对的价值 ········ 173
　　不断发展的新闻 ··· 174
　　市场一定会对信息做出反应 ·························· 177
　　使用交易日历 ·· 178

根据信息进行交易 ·· 180
　　外汇以及羊群心理 ·· 190
　　把一切按顺序组合起来 ······································ 193
　　练习题 ·· 202

第9章　企业如何运用外汇交易 ································ 205
　　使用远期外汇协议 ·· 207
　　使用期权对冲汇率风险 ······································ 212
　　练习题 ·· 214

总习题 ·· 217
练习题与总习题答案 ·· 234
术语表 ·· 235

第1章　外汇交易简介

在本章中，你将了解到：

- 当有人说自己交易外汇时，他指的是什么
- 外汇交易杠杆的基础知识
- 外汇交易货币对的基础知识
- 交易外汇的最佳时机
- 外汇交易的历史由来

第1章 外汇交易简介

当人们说他们在外汇市场进行交易,即在全球性的外汇市场上买卖货币时,他们实际是想说他们在交易货币。简单来讲,外汇市场交易者买卖不同的货币。抛开各种交易策略、技术分析及基本面分析不谈,外汇交易的基础即是赌定在未来的某一时刻某种货币的价值将高于另一种货币的价值。作为外汇市场交易者,你可以利用量化的多元化理论尽可能减小交易账户的风险。你可以等待技术指标,如200日及50日移动均线交叉向你发出市场信号;可以做多欧元同时做空美元。你可以通过浏览英格兰银行网站(http://www.bankofengland.co.uk/)发现英国经济目前并不稳定,这一信息将引导你做空英镑同时做多瑞士法郎。

无论通过什么方式,你所进行的多空交易都是基于持有期结束一种货币的价值将高于另一种货币价值的预测,而实现方式是交易货币对。以欧元/美元的交易为例,外汇交易者有两种交易决策,一是预测美元相对于欧元升值,二是预测欧元相对于美元升值。如果你是外汇交易者,并且你认为在未来一段时间内欧元将会相对于美元升值,那么你会做多,即买进欧元/美元外汇组合。这笔交易意味着你赌定欧元将会升值,同时美元将会贬值。进一步来讲,买进欧元/美元外汇对即是在现实中买进欧元同时卖出美元。

如何通过外汇交易获利

为了了解如何在外汇交易中获得收益,你首先需要理解一笔交易背后的原理。如果你认为欧元相对于美元升值,根据上述介绍,你将会买进欧元并卖出美元。在实际操作中,通过卖空,你将是借入美元并以该笔资金购买欧元。这一操作完成时，你相当于向外汇交易经纪人借入你做空数量的货币，这一借贷关系的凭证是以美元计价的。当欧元逐渐走强，你将结清头寸，用所得欧元归还做空美元时的"借款"。由于欧元升值，你可以用少于初始数量的欧元偿还所借入的美元，并将剩余部分作为交易所获得的利润。之所以能够这样进行交易的原因是因为两种货币间的汇率发生了变化（图1-1）。在交易初期，两种货币间有一个汇率，交易结束时市场上二者间是另一个汇率。

在此书《外汇交易入门》中，我将带领大家学习如何进行外汇交易，而这条道路是曲折蜿蜒的。在本书中你将了解为什么外汇交易市场成了这个世界上最让人着迷的交易市场之一。你同时会学习到一个任何类型交易或投资中的核心要素：如何识别交易机会。为了掌握这项技能，我将向读者展示如何寻找长期有盈利机会的市场信号，例如如何在中央银行网站报告的字里行间寻找信息。为帮助读者确定在何种价格水平上进出市场，本书还会介绍基本的绘图技巧，即所谓的技术分析法。

除了学习如何寻找并发现好的交易机会，本书还会向读者介绍外汇交易软件的基本操作。外汇交易的一大特点是高杠杆率，本书也将向您阐述高杠杆率的优点、风险，以及市场极其微小的变动是如何创造能够产生巨额利润的潜力的。

与此同时，你将了解如何将交易活动与自身风险偏好、可利用时间、投资组合、自身的长短期投资目标相匹配。你会学习到如何建立一个持有期为6个月至2年的外汇头寸组合，该外汇资产可以作为一类有收益的替代资产类别，且该收益与其他金融资产，如股票、债券、共同基金等的收益不相关。你同样可以运用你的外汇交易技能快速获得利润，将外汇交易作为兼职工作——一个能够带来收入的爱好。

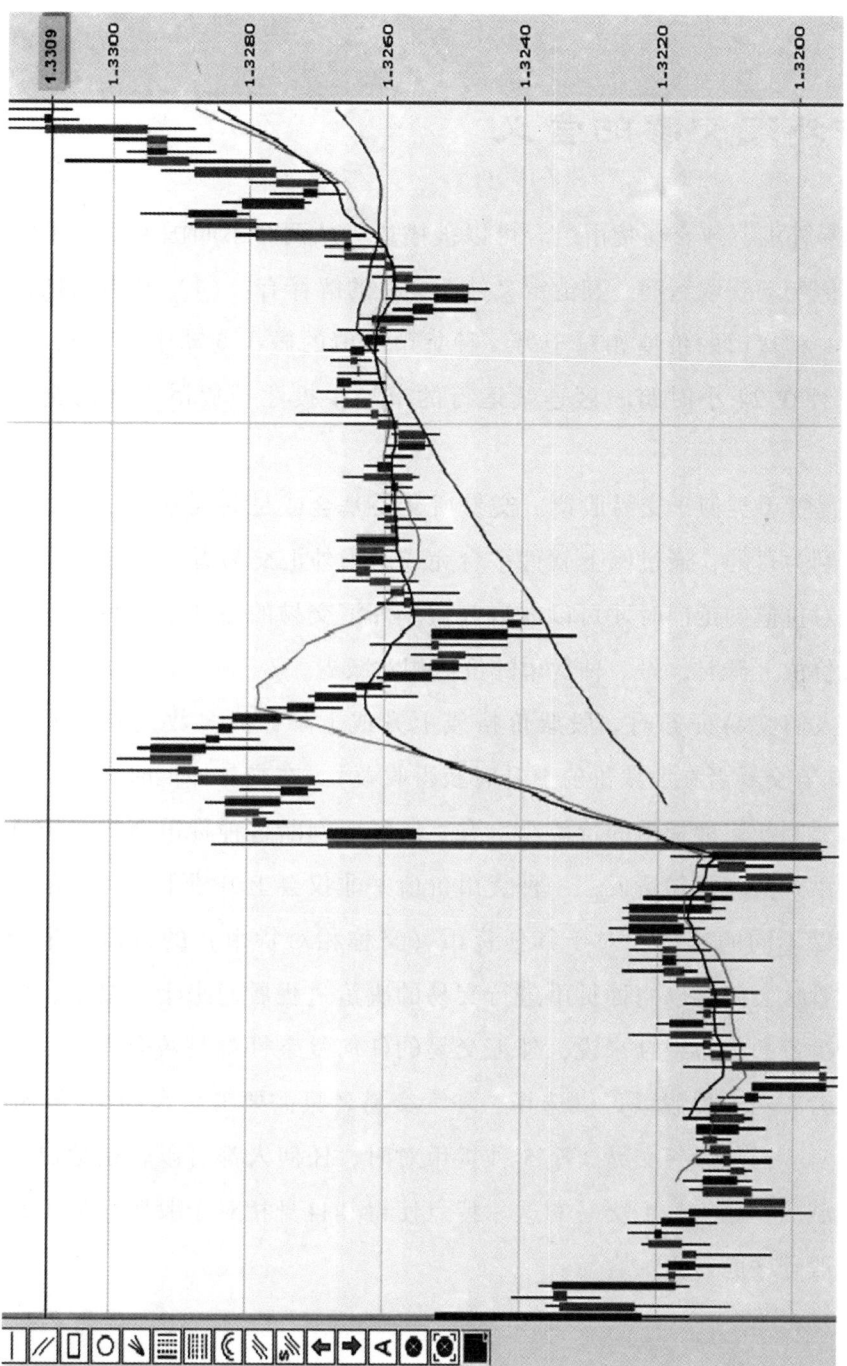

图1-1 欧元/美元汇率走势图

参与外汇交易的含义

交易外汇，或交易货币组合可以被描述为从两个不同国家的货币的相对价值变动获取利润。其他定义外汇交易的解释有：（1）利用高杠杆率，从一种货币的价值相对于另一种货币价值的微小变动中获取利润；（2）一种在 24 小时跨时区连续运行的市场中投注于货币组合的交易方法。

交易货币类似于交易股票，交易所交易基金或是共同基金。外汇交易以盈利为目的，通过网上软件平台完成。当外汇交易者正确预测两种货币相对价值的走向时才可以获取收益。外汇交易的原理十分简单：一种货币价值上升时，另一种货币的价值相对减少。

当人们交易证券时，股票价格或上升或下降，但多数人看多股市（这意味着交易者在股票价值上升时获得收益）。在交易外汇时，交易者不仅需要判断何种货币的价值会上升，还需要判断这种货币会相对于哪一种货币升值。换句话说，一种货币价值并非仅会上升或下降，货币价值还会以不同的速率相对于其他货币（又称相对货币）的价值产生变动。尽管这会使得以何种货币进行交易的决策过程看起来十分复杂，但相对于少量的货币组合来说，外汇交易的任何复杂性都是被夸大的：股票交易者有上千种股票可供选择，外汇交易者只需要考虑大约 20 至 50 种货币对。当每天只交易 3 至 5 种货币对时，任何人都可以轻松地成为这一领域的专家，外汇交易的这一特点使得其自身相对于股票交易中复杂的选股程序而言更加容易。

第1章 外汇交易简介

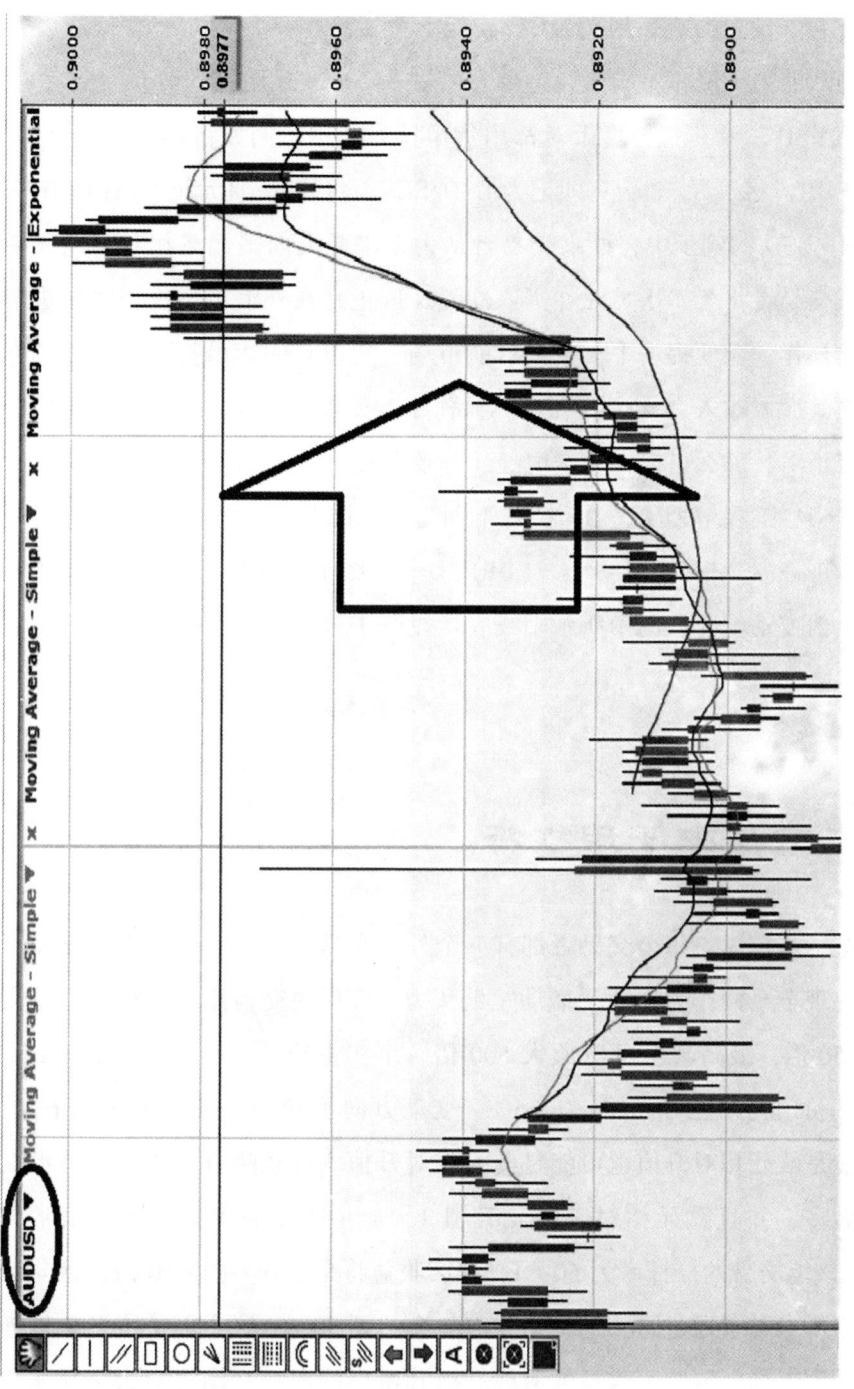

图1-2 澳元/美元汇率走势图

外汇交易入门

　　交易量最大的货币对为欧元/美元。在交易这一货币对时，交易者需要预测欧元的价值相对于美元将上升还是下降。欧元用符号 EUR 表示，美元则用 USD 表示。每种货币对都用货币符号表示，例如将英镑/欧元记为 GBP/EUR，将美元/瑞士克朗记为 USD/SEK，将澳元/日元记为 AUD/JPY。在 EUR/USD 的例子中，如果交易者认为未来几天内美元将相对于欧元贬值，该交易者将会卖出美元并买入欧元。这正是在外汇市场投资时所进行的买卖操作。顺便提一下，查询目前市场上货币对的货币符号最简单的方法是在其后方输入"=X"。在实际操作中，如果你想查询 Euro/U.S. 所代表的货币对，那么可以在雅虎财经、谷歌财经、MarketWatch.com 等网页的符号搜索栏键入"EURUSD=X"。下面列举了该查询的雅虎财经网页链接：http://finance.yahoo.com/q? s=EURUSD=X. 图 1-2 展示了澳元/美元货币对的价值变动情况，图中所示阳线表示投资于该货币组合在当日可获得巨大收益。

外汇交易中使用杠杆

　　进一步探讨，每个交易者都有一个外汇交易账户的现金余额。交易者将这一现金余额作为杠杆"撬动"购买力，即促使交易账户的购买力放大 10 至 50 倍，最高甚至可以放大 500 倍。事实上连续几个交易日内 EUR/USD 的价值变动在 0.50%—1.25%，变动方向可能是上升也可能是下降，即可能是欧元相对升值也可能是美元相对升值。这意味着如果一位外汇交易者做多，并且欧元相对于美元升值 1.0%（这在隔夜交易中是很常见的），该笔交易的杠杆率为 50:1，那么收益将是 1.0% 乘以 50 倍，换句话说，市场参与者通过这一笔交易收益将会达到 50%。这个例子很形象地展示了外汇市场创造巨额收益的潜能。极其微小的汇率变动将会为交易账户带来巨大的利润。当股票交易者可以通过一只股票盈利 1%、3%、5%甚至

10%时，外汇交易者可以盈利30%—50%，甚至更多。

具备适量的风险管理、多元化投资及理财理念，外汇交易者可以持续获得这一高水平的收益。另一点值得注意的是外汇交易市场是交易量最大也是最兴旺的国际市场，每周6日，每日24小时不间断交易，交易量约为数十万笔。这意味着下单的同时交易者所投资的货币，例如欧元，美元或是日元的价值瞬间就会发生变动，这一经验同样适用于交易量较小的货币例如瑞士法郎。交易期限越长，市场变动越大。举例来说，一个小时内账户盈亏变化比较小，大约只有几个点，盈利大约也只够你支付今晚购买比萨的费用。

另一方面，幅度较大的变动例如0.1%—1%则一般发生在隔夜交易中。加之适当的风险管理、保守的仓位以及平仓后盈利自动返还于账户，外汇交易者获得15%—20%左右的收益是十分正常的。在晚饭时下单，早上醒来时发现一夜间获取巨额利润，尔后决定把外汇交易作为主业的交易者大量存在。一段时间后你将发现交易机会以两种方式存在：好以及特别好。当然外汇投资者发展为专家并供职于共同基金公司、银行、对冲基金公司的例子有很多，但你同样可以把目标设定为通过外汇交易为自己换一辆新车，偿还贷款或仅是为家庭多挣一份收入。

在拥有适当风险管理能力的前提下，你可以设立一个可以禁得起利空消息的外汇投资组合。这一投资组合可以使账户对自身的失误或是糟糕的决策拥有一定的抗风险能力，或仅是允许你在没有意识到损失时等到了下一个使你重新变为盈利者的转机出现。

比股票交易高的杠杆率

外汇交易的一大优势特点是外汇交易者可以使用很高的杠杆。许多外汇经纪人允许交易者使用从10∶1到50∶1不等的杠杆率。许多外汇经纪人的账户选择设立在允许交易者可以预先设定极高杠杆的地方，如可以以250：1或500：1，甚至是1000：1的杠杆率进行交易的地方。例如，如果交易者账户中有100美元，并将杠杆率设定为50：1，那么他可以买入或卖出100×50=5000美元。他可以利用外汇交易赋予他的购买力，卖出他认为即将贬值的货币（类似于股票交易或衍生品交易中的做空），并用卖空某一货币的收入（在本例中为美元）买入他认为将会升值的货币。在刚才的例子中，交易者会卖出（做空）美元并买入（做多）欧元。这可能看起来十分复杂，但杠杆率、按美元计算的交易数额以及以欧元计算的购买力都可以通过外汇交易软件，又称作交易平台，瞬间计算得出。

两种货币间不同的即期汇率决定了交易者购买相对货币的数量。如果交易者在购买力范围内用1500美元卖空美元，那么他将拥有价值1500美元的购买力买入（做多）欧元。如果两种货币在交易时点的汇率为1.25美元=1欧元，那么他将用1500美元买入1200欧元（1500÷1.25=1200）。

当欧元的价值上升，即欧元兑美元的汇率走高时，该投资者获得收益。如果他预测对了市场走向，比如说外汇市场、经济走势、股市、债市、政治新闻等都是利好欧元的，如果这些利好的消息推动欧元相对升值，欧元兑美元汇率升至1.35，那么该交易者将从这笔交易中获利。要知道虽然看多的货币价值的上升很微小，但交易依然可以产生很高的收益。

决定使用什么水平的杠杆率

利用杠杆进行交易类似于借入资金进行交易。通常情况下，交易者运用借入的资金进行投资时需要偿还与借入资金（即用保证金撬动的资金）等量或是更多的资金，但在外汇交易中，情况并非如此。

当你把保证金比例设定在某一水平，你将用账户中的现金余额获得"购买力"，"购买力"将是保证金的倍数。如果你将保证金比例设定为20：1，那么你的购买力将是20倍的账户余额。你预先设定的保证金比例（例如10：1、50：1、500：1）将决定你可以用多少货币进行交易。使用

第 1 章 外汇交易简介

高杠杆率进行交易时你应铭记的是微小的市场变动将会在外汇交易中放大许多倍。换句话说，如果你以 50∶1 的保证金比例进行交易，你的收益或损失将被放大 50 倍。对于澳元/美元（AUD/USD）货币组合隔夜交易中 0.75%—1.25%的价值变化是十分常见的，从这个角度来看，如果交易者把保证金比例设置为 50∶1，那么这笔外汇交易的盈亏将是账户余额的 375%—625%，当然这在交易盈利时是十分值得庆祝的，但如果交易是亏损的，损失有可能会比账户余额还多，交易者可能会收到来自经纪商的追缴保证金通知——经纪商在客户的保证金水平低于最低保证金要求时通知客户增加保证金。

多数情况中，你的账户在接到追缴保证金通知之前就已经降至一个非常低的水平了。如果发生上述情况，证券公司会要求你在亏损状态下结束交易或是在账户中继续存入资金以补足保证金。如果保证金没有满足最低保证金水平的要求，外汇经纪人将对你所有的交易强行平仓。这是利用高杠杆率进行交易的缺点：存在账户资金迅速损失，甚至是全部损失的可能性。当你继续阅读本书中关于如何保持合适的保证金水平时，无论在任何时间，持有何种头寸，都应牢记上述可能会出现的损失。

仓位大小与杠杆率紧密相关

为防止收到追缴保证金的通知，专业的外汇投资者在任何时点所占用的保证金一般都是固定的。如果将杠杆率设定在 50∶1，一个最常用的仓位是：在任何交易时刻最大持仓量不超过三分之一。

为使读者更容易理解，我将举例说明。如果你账户中有 250 美元，并且你选择 50∶1 的杠杆率，那么你的购买力将是 $250USD×50 = $12500。这 12500 美元是你进行交易的最大额度。虽然可以使用这么大的额度，但多数专业外汇交易者在任何时间只用其中的 20%—33.3%，这意味着所持仓位的价值只占交易者购买力的 20%—33.3%。在上述例子中，一位资深交易者在任何交易时点只使用总购买力（12500 美元）中的 2500 美元至

4160美元。

当按上述规定的水平买卖外汇时,可以避免由于货币组合价格大幅波动所导致的追缴保证金通知。这是由于剩下的保证金(80%—66.6%)可以保证账户余额在交易面临损失时仍能满足最低保证金要求。

交易外汇的最佳时间

交易外汇的最佳时间是相互重叠的金融中心进行交易的时间,这一时间段为美国东部时间的早3点至早8点,因为在该时段内全球外汇市场十分活跃,同样这一时段也是外汇新闻主要的发布时间。相反的,外汇交易的最佳学习时间是亚洲市场刚刚开市的时间,东部时间晚6点至晚11点,这一时段交易放缓,可以使外汇入门者有足够的时间考虑自己的投资、仓位及多元化策略。

许多外汇投资者会告诉你他们在初入市场时需要在一个交易比较缓慢的时段(并且用较少的初始资金)花费时间去学习如何进行投资,在这样的投资环境中他们将逐渐掌握解读市场走势、经济新闻及技术分析图的技巧,并最终确定交易决策。傍晚时段(东部时间晚4点至晚9点)是学习外汇交易的最佳时间。在这一时段内,市场虽然仍在交易,但处于纽约外汇市场闭市与悉尼外汇、香港市场及东京外汇市场开市之间的休息时段。

外汇市场发展历史

当在你更加深入了解交易外汇的含义之前,最好首先了解一下外汇交易市场的发展历史。外汇交易市场可以说是新兴产物,也可以说不是。14世纪文艺复兴时期,国际银行提供的信用证、外汇汇兑、货币价值投机等的出现形成了外汇交易的交易基础。这是如今国际银行的真正起源。在现代,随着主要银行参与外汇交易,并且个人交易者可以开立外汇私人账户并在国际市场上进行交易,外汇交易如今的面貌相对较新。

在 20 世纪外汇交易市场形成前,货币间的汇率是固定的,即在 1944 年 7 月至 1971 年 8 月前任何时间,所有货币都可以按照预先规定的某一不变的汇率转换为另一种货币。除此之外,美元可以按事先规定的黄金官价自由兑换黄金。这一国际体系规定美元与黄金挂钩,美元价值由黄金支撑,这使美元处于中心地位。如果一个国家,例如瑞士财政储备有 500 万美元,那么该国家可以通过协议直接用美元货币或是以书面借记美元形式交换金块。各种货币间的固定汇率以及美元及黄金的自由兑换是二战后由战胜国参与的经济峰会的产物。

该经济峰会又被称为布雷顿森林会议,旨在建立一个稳定的经济环境以支持二战国家的战后重建工作。布雷顿森林协定作为正式的书面协议,该协议下的布雷顿森林体系促进了战后资本主义世界经济的恢复和发展。由于多数国家在战后需要在国际市场上购买仅以美元计价的货物和商品,因此各个国家需要储备美元以满足货币兑换的需求。考虑到上述原因,协议规定美元为世界主要储备货币。

举例说明,如果一个卢森堡钢铁制造商需要从工厂购买铁矿石,那么制造商将首先以固定汇率将卢森堡法郎兑换为美元,并以美元在公开市场买入铁矿石。这种本国货币与美元间的相互兑换大大提高了美元在海外市场上的需求量。为使其他货币与美元的兑换更加便捷,并将布雷顿森林协议国与外界经济风险隔离,这些国家的中央银行在国际清算银行(http://www.bis.org/)国际货币基金组织(IMF;http://www,imf.org/)及本国国库(http://www.bis.org/cbanks.htm)中开立了数额巨大的美元国际储备账户。

美元与黄金按官价自由兑换

布雷顿森林体系的一大特点是美元为唯一能与黄金自由兑换的货币,二者之间按固定的黄金官价兑换,布雷顿森林协议中规定其他国家可以用

外汇交易入门

美元兑换黄金并可以根据财政部门所设立的外汇储备要求再将黄金兑换美元。在布雷顿森林体系时期,许多国家用美元买卖商品,例如原油、粮食,如玉米、小麦、大豆产品等。由于世界上多数原材料商品均是以美元计价的,因此国际市场流通中需要大量的美元以保证交易的顺利进行。由于美元与黄金间的自由兑换,各国同样可以通过国际交易积累大量美元储备,也就是说,各国可以选择使用美元进行交易并用美元代替黄金作为外汇储备。反之亦然,拥有大量美元作为国际储备的国家可以选择将一部分美元兑换为黄金,达到多元化(或是加强)国际储备的目的。这一举措可以使本国国际储备形式多元化,而非大量为美元。查尔斯·戴高乐领导下的法国是将美元兑换为黄金最多的国家之一。如今世界上各大经济体的黄金储备已经被严密地监控。像俄罗斯这样的大国增加黄金储备或是像塞浦路斯这样的小国卖出黄金,都会成为新闻被披露。世界银行集团在网址为 http://data.worldbank.org/indicator/FI.RES.TOTL.CD 的网页罗列出了各国的黄金储备量。

美国黄金储备枯竭

随着世界上许多国家将美元按官价自由兑换为黄金,美国的黄金储备逐渐减少,并在 20 世纪 70 年代早期降至低点。由于美元可以按官价自由兑换为黄金,因此美国的黄金储备注定会走向枯竭。为避免上述情况发生,时任总统尼克松于 1971 年 8 月宣布关闭黄金窗口。这意味着任何国家将不能按照先前规定的官价以美元兑换黄金。法国、英国、沙特阿拉伯等从国际贸易中积累了大量美元的国家在此之后也不能按官价将美元兑换为黄金。从尼克松总统宣布关闭黄金窗口之日起,美元价值将根据市场供需相对于黄金浮动变化。

如今的自由浮动的汇率制度是在 1976 年通过的牙买加协议中决定实行的,这一货币体系允许各国货币相对他国货币汇率自由浮动。从牙买加协议通过日起,各国货币价值相对于他国货币价值可以根据市场供需自由上下浮动。如今外汇市场中活跃着外汇零售商和大型的机构交易者。尽管许多国家的中央银行为调控本国经济也参与到了外汇市场的交易中，但对冲基金、共同基金、捐赠基金仍是该市场的最大盈利者。交易数额每天以百万计的资产管理公司与个人投资者所使用的信息和基本投资理念都是相同的。在此之前，外汇交易仅仅是中央银行、大型商业银行及银行中心的操作领域，数额过大的合约以及较少的外汇种类将个人投资者拒之门外。

零售外汇交易的出现得益于高速互联网、大存储空间的个人计算机及零售私人账户外汇经纪商的发展。上述三个因素不断发展促进了外汇交易国际化的进程，该进程伴随着一些国家的职业外汇经纪商或是交易者转变为监管者——这就是许多地方，如瑞士、塞浦路斯、马恩岛存在许多外汇交易者的原因。这些地方是具有稳固金融交易基础及成熟交易环境的金融中心，同时这里培养了一批外汇、银行业以及贸易监管者。金融及贸易的发展提供了许多工作机会，政府也利用税收激励措施及其他的政策支持金融行业的发展。技术基础设施和金融监管使得如今的外汇交易者可以在众多的在岸外汇交易商或是离岸外汇交易商中进行选择。

经济和金融政策的简介

从20世纪60年代开始，美国中央银行（即美联储）通过降低所得税奉行其经济政策。纳税者所交税费减少后，多数选择将额外的钱花费在商品和服务上，而非选择储蓄。当人们选择用多出的钱进行消费时，这部分钱就流转到了企业家以及供应商及雇员口袋中，加之享有同样的税收减免政策，企业家、供应商以及雇员同样拥有多余的钱可以进行消费。多出的财富不断被消费，这一循环的过程被称为货币周转，其速率称为货币周转率，即货币在经济中的流通速度。换句话说，静态来讲，国家拥有一定量的货币，但在经济运行中货币是被不断交易，在买卖双方间不断流通的。

快速流通的结果就是一个不断扩大的经济环境。

减税财政政策推行的同时,美联储开始降低利率,进而提高了货币的市场供给。最终的影响就是:低税率增加市场上流通的货币,低利率降低借贷的难度。二者共同推进了美国经济的飞速发展。

美国经济在20世纪70年代初期逐渐转变为过热的经济。20世纪60年代开始实行的财政激励政策导致70年代的大规模通货膨胀。材料的价格,例如贵金属、铜、汽油的价格飙升至前所未有的水平。以原油价格为例,石油输出国组织,即欧佩克国家(OPEC)在1973年试图通过减少原油供给提升价格,并提高石油生产国的利润。这一举措被称为欧佩克石油禁运,原油生产国集体减少石油产量,限制石油供应,通过这种举措大幅提升原油价格。原油供应量的减少进一步加剧了通胀——国际市场上依旧有大量美元流通,但同时基本商品原油的供应大幅缩水。这导致通货膨胀在美国及欧洲地区大范围蔓延(部分特定商品,如原油,仅以美元计价交易)最终导致的结果是从20世纪70年代中期一直持续到80年代初的通胀。通胀推进日常用品价格大幅上升,几乎所有商品的价格都受通胀的影响。房屋、汽车、食品、劳动力——通胀无处不在,无论是商品还是服务。

20世纪80年代初美国开始进行新一轮的经济及财政政策探索,罗纳德·里根为时任总统。新的财政政策预示着减税政策的终结。美联储采取另一种方式——逐步提升利率——直到经济逐步放缓。利率再一次作为经济的调节器。

目前经济形势

近些年来,部分能够致使经济通胀的因素逐渐在市场突显,目前经济是否会进入通胀期尚未能确定,外汇投资的方向却能够从预测各国未来经济走势中略窥一二。简单来说，如果你认为某个国家未来经济将迅猛增长，那么你就做多该国货币同时做空你认为经济发展即将放缓或下滑国家的货币。当你继续阅读本书并学习如何发现交易机会、选择怎样的货币对进行交易时一定要记住这一点。

增加或减少货币供给，降低或提升利率水平

大家都知道，经济主体如欧元区、美国、日本等需要时间消化掉超发的货币。通过降低利率进而发展经济通常会导致经济过热，这一过程经常伴随着一国央行试图通过提升利率降低经济发展速度。这是经济运行的自然周期，也是货币价值变化的最基础的因素。

举例来讲，瑞典的货币瑞典克朗相对于该国贸易伙伴欧元区成员国货币欧元价值的提升幅度惊人。若仅以人们认为如今或是未来瑞典的经济将超越欧洲经济这一点来解释这一惊人增长是不全面的。瑞典的经济将会持续高速增长——这一预测得到许多外汇交易者的肯定，这些抱有相同想法的交易者同样会做多瑞典克朗。某个外汇交易者通过各种信息分析瑞典经济将会步入繁荣时期，相较于欧洲大陆国家有持续增长的潜力，那么他将会做空欧元的同时做多瑞典克朗。该笔交易将随着瑞典经济相对于欧洲国家走强的进程逐步获得收益。事实上，另一个促使这笔交易成功的因素是其他的外汇交易者也发现瑞典的经济形势很好，并且瑞典央行（http://www.riksbank.se/en/）有可能在未来提高利率。这将会导致大量资金选择做多瑞典克朗，做空欧元，国际市场上对瑞典克朗需求大幅提升，供求对比将进一步增加瑞典克朗的价值。到那时瑞典经济将受到严重影响，该影响同样会产生负面效应——强势货币国家在国际贸易中处于劣势地位。因此瑞典央行有可能会考虑通过降低利率以降低本国货币与欧元的汇率。

降低瑞典克朗利率会使汇率慢慢降低到一个相对合理、更好操作的水平上，这是由于两国货币间利率差对投资者来说不如之前那么有吸引力。

外汇交易入门

这样许多做多瑞典克朗的投资者会选择在账户盈利时平仓。这一过程有可能持续若干年，也可能只持续几个月——央行管理者每 6 个月左右召开会议决定通货膨胀目标及利率调整政策。另外，市场情绪也是影响货币价值的一个主要因素。或许现实中调整过程需要 6 个月，但对未来经济走向的预期是使得外汇交易者做出多空选择的真正原因。如果公众普遍相信世界仍在发展，那么他们也会预测未来全球经济形势即将好转。基于这一信念，他们将做多他们认为未来经济发展较快国家的货币。经济繁荣期意味着经济的飞速发展，经济萧条期意味着交易者应该进行保守的投资。

所以，到底什么是外汇投资？外汇投资是在网上操作的，通过买入一种货币同时卖出另一种货币的方式，以在买入货币相对于卖出货币升值时盈利为目的的投资行为。

如果你现在还无法理解这一概念，那么请继续阅读本书。我们将会在后续章节中反复讲解。

练习题

1. 如果你认为一种货币在未来一段时间内会相对于另一种货币增值，那么你应该（　　）。

　　A. 同时买入两种货币并在未来某一时间兑换

　　B. 做多你认为会相对升值的货币

　　C. 做空你认为会相对贬值的货币

　　D. B 和 C

2. 当你进行外汇交易时，你相当于借入了你所做空的货币。（　　）

　　A. 对

　　B. 错

3. 当你在交易中使用杠杆时，你将可以（　　）。

第 1 章 外汇交易简介

A. 动用多于账户余额的资金

B. 增加账户的盈利能力

C. 放大账户的亏损

D. A、B 和 C

4. 外汇网上交易时间为（　　）。

A. 每周 6 天，每天 24 小时

B. 每日 9：00 至 17：00

C. 与股票交易时间相同

D. 美国东部时间 2：30 至 8：30

5. 布雷顿森林协议涉及下列哪项内容（　　）。

A. 浮动汇率制

B. 黄金储备

C. 美元与黄金按官价自由兑换

D. B 和 C

6. 在布雷顿森林体系下，美元（　　）。

A. 作为国际储备货币

B. 与黄金按官价自由兑换

C. 用于购买日常交易品

D. A、B 和 C

7. 一个国家金库中的美元被称作（　　）。

A. 资产

B. 黄金

C. 资产支持证券

D. 黄金储备

8. 当美国由于他国用美元兑换并提取黄金造成黄金储备枯竭后（　　）。

A. 美国总统决定停止卖出黄金

B. 美国总统宣布关闭外汇交易市场

C. 美国总统并未采取措施

D. 美国总统宣布停止黄金与美元按官价自由兑换

9. 美国总统宣布停止黄金与美元按官价自由兑换，这一事件被称为"关闭黄金窗口"。（   ）

A. 对

B. 错

10. 做多某国货币意味着（   ）。

A. 买入该国货币

B. 卖出该国货币

C. 买入该国货币同时卖出其他货币

D. 卖出该国货币同时买入其他货币

第 2 章　为交易做好准备

在本章中，你将了解到：

- 在外汇交易中如何控制自己的情绪
- 如何评估自己的风险容忍度
- 交易支持团体的重要性
- 如何估算你所拥有的可交易外汇资金量
- 如何寻找市场信息并评估其重要性

第 2 章　为交易做好准备

了解基本的外汇应用知识是做好交易准备的第一步。熟悉市场以及交易平台，并通过操作模拟账户为你未来长期的交易生涯以及成功的运作打下基础。下一步入门者需要了解外汇交易者是否适合你。一些需要考虑的因素有：你是否有时间去熟悉全新的交易系统，了解外汇交易市场、各项经济指标等。你同样需要考虑外汇市场及 24 小时连续交易是否与你的日常生活相适应，如何应对交易中自身财富大幅波动的状况。在初入市场时最好准备一份可靠的后备计划，这将是帮助你在外汇市场上成功起步并在行情恶化时脱离困境的安全保障。

学会处理情绪化交易

许多工作都伴随着精神上的压力，但外汇交易将交易者的收入与一个可以施加给交易者巨大压力、充满不确定性的市场联系在一起。压力越大，感情越强烈，而这种感情可以在瞬间控制你的思想，造成一系列连锁反应。举例来说，如果你本日收益颇丰，那么你很有可能情绪高昂，欣喜若狂。另一方面，如果本日出现亏损，你将会心灰意冷，这一情绪会导致你进入消极的亏损模式而决定结束本日的交易。外汇交易中微小的市场变化将带来账户资金的大幅波动，交易的刺激感有时会让你把盈利这一目的置于其后。事实上一些外汇交易者追求这种大起大落，他们享受财富的飞速增长，在亏损时坠落谷底，这种刺激就像是在坐过山车。如果你就是这样的，那么也不用担心，你只需要减少账户中的保证金，将你能承受的亏损额作为外汇账户保证金后就可以大胆地交易了。另一方面，专业的外汇交易者知道何时应该收手，考虑大局，并把外汇交易看作一项产生收益、交易时间灵活、需要风险管理的工作，而工作之外他们还有充实的生活。

尽管一位职业的驯马师会因为客户带来了一匹具备冠军潜质的马或是一匹桀骜的纯种赛马而感到兴奋不已，他仍会执行常规的标准去评估这匹马，包括兽医检查、喂养及梳洗马、为马钉蹄铁并且指挥马热身跑场——这些都是驯马师的日常工作。他不会因为马有纯正的血统、曾受到精心的饲养或是最近的获胜概率大而对马青睐有加，一位职业驯马师知道如何激发赛马的最大潜能，他将结合自己的知识与经验制定合理的训练计划并相信训练计划的长期效果。驯马师不会因为赛马没有理想发挥就停止给它喂食或是告诉它的主人这匹马不行。相同的，作为外汇交易者，你将试图"驯服"高能力、热血、难以预知的市场，你将使用各种工具、方法达到这一目的。

像经营企业一样运作外汇账户是健康、长期的交易生涯的前提。尽管每笔交易中不免掺杂个人情绪，但你仍可以保持一个冷静的头脑计划进出市场的策略。进入市场是指首次买入或卖出某货币对的时点，退出市场是指关闭交易的时点。冷静的头脑以及理智的交易将会帮助你避免情绪大幅波动的干扰。外汇交易者经常分享令自己获得巨额账面盈利时的市场波动情况，但多数交易者由于选择了错误的退出时点而未能将账面盈利转化为实际盈利。这类交易者常说"我当时在想什么？"或是"我应该及时平仓的。"这些交易者处于波峰却没有平仓，他们认为会出现另一个更高的波峰。如果你不能控制好自己的起伏不定情绪，好的交易工具也帮不上忙。只有学会控制情绪才能创造高收益、低情绪波动、成功的外汇交易经历。

可在外汇交易上花费的时间

接下来你需要考虑自己可以在外汇交易上花费的时间。花费时间与精力快速熟悉这个市场，了解自己的投资偏好，这一学习过程可能花费若干周至若干年不等。多给自己点儿时间学习，同其他工作一样，对外汇市场的学习也存在学习曲线。尽可能多地阅读金融杂志、新文章、新书，经常

第 2 章　为交易做好准备

浏览财经网站。《华尔街日报》以及《金融时报》都是很好的了解市场结构及走势的资源。了解的信息越多，开始交易时成功的可能性就越大。

做一个成功的交易者并不意味着在市场中砸钱。一个从长期来看成功的交易者总是在学习、探索市场走势，并永远在思考投资什么样的交易会为自己创造盈利。许多新手盲目跟随潮流，将自己辛苦挣来的钱草率投入市场，结果只是在市场躁动平息后面临巨大亏损。当尝试新事物时，放慢节奏是一个很好的方法。没人能做到完美的交易，比如建立没有缺陷的投资组合，或是在第一次交易中就获得巨额收益。不要抱有不现实的期望，把精力放在你可以通过每天稳定的学习而获取知识上。举例来说，学习、了解你所使用的交易平台，操作模拟账户，如果交易平台允许的话，还可以尝试用实时数据进行实践。

一些交易者对这些并不熟悉，他们还不知道进行交易下单时要按哪个键，或是如何在页面上关闭交易。这时你需要做的就是花费时间仔细研究如何使用交易平台。如果你只会开自动挡的车，你很可能不会开手动挡，同样道理，如果你不知道交易平台的各种功能，你是无法正常进行交易的。你可以建立一个账户，学习如何正确地运作它，并且探索什么样的交易是令你感兴趣的。

你同样需要花费时间坐在电脑前，在市场上下波动时保持警觉，以便随时发现并抓住盈利机会。有些交易需要在夜间或是晚上进行，但多数交易只在上午或是午后时间进行。有丰富经验的交易者会在交易前透彻分析市场，所以考虑一下早起第一时间浏览最新消息。将外汇交易作为兼职工作完全是可行的，交易者可以利用工作剩余时间，如工作日的晚上或是周末参与交易。不过在这些时段进行交易可能会面临一些选择上的限制，但这仍是一个很好的了解市场并参与交易的方式。

风险容忍度

你属于什么风险偏好类型的投资者呢？你能容忍多大程度的不确定性？又或许你是一位认为现在的 5 元钱优于一小时后的 20 元钱的投资者？外汇交易伴随着风险，而一些风险是可以被消除的。所有事情都是存在风险的，甚至连日常工作也是如此——你可能上班时被一辆公交车撞倒，或是突然接到通知将你调派至国外。举例来说，一位急诊医生某天过得十分糟糕，他可能会因此失去一位病人。但如果是一位零售店收银员，由于经历了糟糕的一天而疏忽大意找错了零钱，那么他仍然能够拿到薪水并在下班后回家。由此可见，急诊医生所面临的风险更大，但同时他们的收入较高，他们的工作关系到病人的生命，显然是比每小时挣 8 美元的零售店收银员创造的价值高。当然，也有许多人承认每天冒着工作收入不稳定的风险会使他们两腿发软，或是令他们在早上休息时间感觉恐惧。许多成功的外汇投资者选择把外汇交易作为职业，"风险越大机会越多"这一观念使他们放弃了原本低风险、低收益的工作。这一职业并非适合所有人，并且只有你自己能够评估这一职业是否适合你。

任何一次把钱投入市场都相当于在"邀请"风险。外汇交易把市场划分为了不同的风险层次。许多低风险的职业每两周支付一次薪酬并外加各种福利，而外汇交易中是不存在确定性收入的。净收益的状态有可能达到盈亏平衡，也有可能远高于或远少于你的初始投资额。把辛苦挣到的钱投入一个不知道收益如何的市场，或令人上瘾，或令人崩溃，结局取决于你的态度。为获取收益而冒风险的方式可以吸引最资深的外汇交易者持续进行交易，这些交易者明白，为获得更多，他们需要冒更大的风险。在基于某一市场消息或是市场走势进行投资前，首先搞清楚自己的风险容忍度在哪个层次。换句话说，提前掌控风险，避免在交易中被风险掌控。

结合适当的直觉、数理知识及市场分析能力，发展自己独特的风险控制能力。这将帮助你加强你的风险承受能力并通过降低利润率来保护你的资产。虽然可以做到完全避免风险，但你的收益可能也会寥寥无几。找到期望盈利水平与可接受风险水平间的平衡点，你将会开启一段作为成功外汇交易者的旅程。

可用资金

无论从事何种行业从业者都需要合适的工具，外汇交易中所需的工具就包括资金。交易初期你并不需要大量的资金。一些交易账户仅需250美元，100美元，甚至是10美元就可以开立（OANDA www.oanda.com 允许用1美元开立账户！）尽管外汇交易允许利用少量资金就可交易，但交易所带来的思考及学习、利润、快乐都不会因交易额小而减少。一般交易账户使用50∶1的杠杆率，这意味着500美元的账户实际可操作的资金量为25000美元。

在最开始的时候，新手上手会比较慢。或许你可以选择在晚上浏览与市场相关的新闻，了解市场行情及趋势，并在休息时尝试小额、迅速的交易，借此在真正交易之前养成花费时间学习交易基础的习惯。一些交易者通过用数额较小的账户进行交易以了解外汇市场的运动规律，同时还能赚取小额盈利，例如由于今天的交易，你赚取了利润，那么你可以从收益中取出20美元用于改善自己明天的午餐——这会成为激励你继续前进的动力。与此同时，你记住了外汇交易平台是怎样操作的，你增加了自信并且为将来运作大数额的账户打下了基础。

资金规模小的账户不应该被轻视。小额账户等同于微薄的利润，所以你应该放大自己的风险去赢得更高的利润——这一观点是不正确的。错误的仓位大小和利润管理以及失误的投资决策是导致投资失败的主要原因，无论交易金额是大还是小。

尽快熟悉交易平台上模拟账户的操作，实践几次模拟交易，养成查阅新闻的习惯——这会使你用真实货币交易时处于有利地位。开始习惯你通过研究市场进而交易获得成功的感觉以及在个人财务报表工资列项下添加收益的喜悦。随时间推移你就为运作大数额的账户做好准备了。最终当你将外汇交易作为职业时，你就可以从外汇账户里"领工资"了。与此同时你应牢记：只使用你暂时用不到的资金进行交易，并且永远不要为交易而贷款！将喝咖啡的钱节约下来或是自带午餐，用这些省下来的资金投资外汇。这些资金得到充分的利用并最终为你带来收益。将投资收益重新投入账户使其快速增长。

你可以单独进行交易了吗？

现在你对控制自己情绪的能力信心满满，并且建立了稳固的风险容忍度，拥有一个小额的交易账户，因此最后只剩下学习如何自己进行交易了。无论全职或是兼职，绝大多数交易者都是单独进行交易的。如今社会便捷的网络、快速运转的计算机以及便于操作的软件及交易平台允许交易者无论身处城市或是郊区都可以便捷地进行交易。交易者可以在蒙大拿最偏远的地区或是在最繁华的纽约买卖外汇，而不论在哪里，外汇交易最吸引人的特点是你可以在家里办公，你可以穿着拖鞋，并在想要休息的时候休息，只要你时刻盯着电脑交易页面即可。唯一的缺点就是你可能会感到孤独，尤其是对于那些善于在办公室交际的人来说。

如果你是个喜欢在午餐时与别人聊天，或是在饮水机旁边相互逗趣，亦或是在周末与朋友聚会的人，那么你将错过这些一般工作所能提供的办公环境。单独工作可能会帮助你延长集中注意力的时间，但缺陷是你无法了解别人的交易情况或是在交易失利时无人倾诉。单独交易的缺陷还有在决定是否进行这笔交易时没有人可以讨论，"这是个好的投资机会吗？""你怎么看今天的劳工报告？"甚至是"你觉得欧元/瑞典克朗货币对这个价格合理吗？"这些问题你通常不会在普通工作的同事口中听到。在常见

第 2 章 为交易做好准备

的工作中,你也将会受到许多领导管理,看起来每个人在遇到问题时都可以找到更有经验的人咨询。但当你独自一人交易外汇时,你需要自己决策什么是好的交易,什么是恰当的交易时机,这笔交易应投入多少资金以及什么时间平仓。同时在你忙着做这些决策时,你还可以在东部时间早八点前将昨日买入的澳元/美元货币对卖出平仓获取收益。在这种情况下,你或许会发现你十分了解这个市场,你可以自己敲定买卖决策,不需要他人的帮助,并且能够在其他人刚要开始一天的工作之前拿到本日的工资。

这是外汇交易最大的优势:可以像企业一样进行运作,你可以做自己的老板,并用自己的收入买单。传说有人学习外汇投资,并逐渐积累了市场经验以及信心去运作数额巨大的账户,最终他们可以连续且几乎无风险地获得5%的收益。这5%的收益水平只需要在一周内进行1至2次正确且安全的投资就可以获得。这些交易者运作数额巨大的交易账户,并能够获得很高的利润率,他们只搜寻最佳的投资机会,并源源不断地获取收益。即使是频率很低的交易也可以常常达到月收益20%—30%(低频率交易其实是运作外汇账户很安全的方式)。账户金额随时间而增加,或者你也可以在月末取出所获利润,这部分收益会自动转入你的支票账户,用于偿还抵押贷款、房租、账单、汽车贷款或购买其他必需品。这种交易水平通常在学习了一两年后才能达到。

如果你也想达到这种持续收益的水平,最好的方法是用少量的资金尝试不同风险级别下的不同的交易方式,这会给你提供一个非常好的全面学习的机会。通过这种方法,你将积累丰富的经验,这些经验将帮助你抓住投资机会,同时也会帮助你判断何时退出市场。如果月收益保持在20%—30%的水平区间上是你的投资目标,那么就尽可能频繁地进行交易。你的技能会快速长进,在不断获得收益后可以大幅增加自己的信心,同时也可以运作资金量不断增长的交易账户。

许多外汇投资者并不认为单独交易有那么糟糕。外汇交易所拥有的优点要比缺点多得多。然而,不像其他工作是在满是同事的办公室中进行,外汇交易的单独工作所带来的社会隔离感可以成就一个人也可以毁掉一个

外汇交易入门

人,因此这个问题还是值得充分考虑的。

例如,你是唯一可以决定自己外汇交易选择的人,你的满意度是评判这笔交易唯一的要素。从交易第一天起就把外汇交易当作固定工作一样,这样你就可以更容易以务实的态度对待外汇交易。制定工作进度表,并定期回顾自己的交易,如果穿正装可以提高你的工作效率,那么请选择正装。同时事先设定好"下班"时间,把控好工作的时间并且每日在该时点停止交易。经常与朋友聚会并找个时间度假(眼睛离开电脑屏幕)——就像朝九晚五工作的那些人一样。

做自己的老板意味着你将自己决定什么时候得到提拔。或许你可以通过研究并投资之前从未接触过的货币对来奖励自己之前所达到的高水平收益。又或许你可以提拔自己到"资深交易员"的位置,以丰厚的年末奖金奖励自己在6个月、9个月或是12个月中持续保持盈利。

志趣相投的交易者以及其他的支持组织

随时间积累的经验越多,你经历的市场起伏越多。有时候市场像是有自己的生命一般,有时像是货运列车般咆哮着前行,所有人都在争先恐后地进行交易并收取利润。但交易者有时也会遇到市场行情不好的时候,市场整体收益呈下滑趋势,一波接一波的利空消息甚至令最资深的外汇交易者无计可施。在这样的市场环境中,即使是最富有经验的交易者也会长期处于亏损状态,这也是为什么一个好的支持组织是让大家不放弃外汇市场交易的关键。

作为一个大型集体组织中的一员,你可以享受到融入集体的愉悦,归属感会令你感到欣慰,加上新闻媒体,二者可以共同让你摆脱孤单感——当新闻上大量出现"外汇市场将面临持久的萧条"这类消息时,你将不会感觉到那么孤单,而会感觉到自己是金融这个大机器中一个小小的组成部分。实时的消息评论以及从交易中心传来的各种采访使在家中办公的自己

第 2 章　为交易做好准备

感同身受，并感觉自己身处金融界未来财富及命运的中心。

交易者如果能感受到自己是金融界的一会员，他将会更加享受外汇交易的过程。或许你已经投入到技术分析或是在休息时刻关注你所交易货币所在的国家的新闻以及经济形势。第一时间了解这些可以影响市场走势的新闻是非常重要的，同样这一习惯可以让你将其他国家的金融信息集中起来并以你之前从未想过的方式扩展你的视野，让你看到一个全新的世界。这种强烈的与整体大趋势的关联感会使你产生超越自我或是狭促办公室的认同感与归宿感。

不要排除掉杂志报纸等出版物对交易者提供支持的可能性。《华尔街日报》或其他类似报刊也会刊登 CNBC 中的报道，但同时他们会刊发更深入的评论文章。以期货月刊为例，该杂志是专门为解答期货交易者在交易中所可能产生的困惑而发行的，如解答财富管理方面的问题或是"哪里出错了"这类疑惑。无论是新手还是资深交易者都可以从中学习知识并研究交易实例。

试着使用社交网络如 LinkedIn 寻找与你有相似经历的交易吧，你可以在 www.LinkedIn.com 免费注册一个账号，然后找到组织、实时通讯或是可以在网上跟你沟通，聊天或是可以就你目前的交易决策、目前市场行情、经济形势、风险管理等众多方面提供见解的朋友。你可以找到外汇交易群、量化交易群、对冲基金群等等。

加入一个群之后，你可以在列表中了解这个群里其他的成员并选择你想沟通的人，这一过程可以是挑剔的也可以是自由不受拘泥的。然后就投身该市场，通过发布评论、浏览论坛及最新消息，跟上群里其他交易者的进度。群的另一个意义在于它可以随时提醒你跟你在同一领域进行交易的人在想什么，他们青睐什么样的投资机会以及他们对市场的整体感受。当你把自己的研究与别人在群里或是论坛发布的观点结合时，你将会感到耳目一新并大受启发。或许有时你会收一封好友发来的邮件告诉你你的想法对他是很有帮助的。便捷的网络使你拥有了世界各地志同道合的朋友。

拥有亲密的家人以及朋友只有好处没有坏处。拥有一个轻松的周末可以使你在劳累一周之后得到放松。好好享受这些亲密的关系，让自己暂时忘掉外汇交易中的种种，忘记利润率。朋友和家人可以提供给你新的交易视角，无论他是否关注市场，甚至无论他是否知道你如何谋生。

最后，寻找到一个一同讨论市场走势的人并不难。农贸市场、当地的体育馆、医生的候诊室、排队付款时、火车上或是在等公交车时，你都可能会找到志趣相投的人。交流时要将时间、资金以及以风险为导向的责任考虑在内。

很重要的一点，外汇交易会给你带来更多的责任以及时间、金钱、风险上的限制，因此外汇交易者可能会承担更大的心理压力。尝试在压力很大或市场行情不好时减少高风险交易的金额，这能让交易过程变得轻松愉快。如果你觉得压力过大，或是觉得应该把精力放在其他事情上一段时间，亦或是外汇市场行情持续走低，交易氛围低迷，那么就选择减少交易账户中的金额。无论你是否相信，这种情况是时常发生的，并且最好的应对措施是把这些时期看作交易机会比较少的时期。在这些时期最好将账户中的资金取出一部分，投入到其他可以产生收益的领域。在交易市场中流传着这样一句老话：五月抛出就离开市场。这句话的含义是用交易赢得的钱好好享受夏天的到来，你可以暂时离开电脑以及金融市场。这句话的另一层含义是大部分金融市场的交易者（包括债券交易者、股票交易者、大宗商品交易者）都会平仓，整个夏天都不再进行交易。由于出现上述情况，夏天的交易会比较困难，利润也较低。

时间稀缺，当你作为家庭成员之一时这种感觉更是强烈。供养有孩子或是有老人的家庭会几乎占用所有的时间，你只能用零星的时间研究市场并下单。或许在这种情况下你可以尝试利用下午的时间进行交易。在上午孩子睡觉时或是任何其他空闲时间研究市场走势，一点一滴知识的积累最终会帮助你在外汇交易市场成为成功者。

或许你会十分喜欢研究市场，并希望尽快进入交易的下一个阶段，进行一次真实的交易并与他人谈论这次经历。但或许你并没有足够的资金进行交易，或是仍不能确定交易会带来的风险大小，如果是这样，那么就用一个经纪商提供的模拟账户体验一下吧。模拟账户运用与真实账户相同的软件以及交易平台，基于虚拟的资金账户以及真实的市场数据运作。许多经纪商用模拟账户测试他们的交易平台。交易者得到市场最新消息或是学习到新的市场理论时可以用模拟账户模拟交易过程并实时观察账户的变动情况，同时不用担心本次交易的风险。利用这类工具可以完善交易者的投资理念，测试市场理论是否正确，并实践所学的交易知识。

备用计划

准备一个周全的备用计划是在市场行情下跌或是大幅的波动时减少交易者损失及痛苦的很好的办法。许多交易者发现在自己的风险容忍度内投资机会很少时就会实施备用计划。2010年的夏天是为我们提供的一个很好的例子：欧洲国家部分负债累累，市场上欧元连续若干周相对美元贬值，在一个周末，瑞银集团（http://www.ubs.com/）出具一份报告显示在未来6至9个月内，欧洲经济仍无回暖可能。与此同时其他的新闻机构，如市场观察（www.marketwatch.com）预测除非做好了迎接市场大幅波动的准备，接下来的一周将是外汇交易者的寒冬。

你的备用计划就是为这种市场行情准备的，计划可以为你提供一些低风险或是无风险的投资活动，使你免于在大幅波动的市场变化中面临巨大损失。备用计划的内容包括使交易者的账户资金免遭损害的方法，例如在市场逐步恢复时期提供的兼职或是其他风险较小领域的投资机会。

这种不定期发生的情况同样给了你一个机会，允许你取出账户的资金用于度假或是其他令人心情愉悦的活动。货币贬值、银行业危机，不稳定的经济环境以及一连串的利空消息会导致本就低迷的市场环境进一步恶化。外汇交易蕴含风险，但你自己不一定要一直承担风险。你控制着你的交易、账户及风险层级。如果你事先就可以肯定自己可以做到在某天退出市场，那么你将被称为一个精明的交易者。

学会聆听市场

如果你是随着通过聆听市场来学习如何寻找交易机会的,那么每一天你的交易技巧都是在进步的。这里有无数外汇交易信息的资源,其中一些信息比其他的信息可靠。当浏览各类新闻时,新闻的来源、可靠程度以及包含信息的多少都是很重要的方面。当你的经纪商、电视以及网络能为你提供许多数据,你需要考虑的是这些信息如何在你分析和选择所要交易的货币对时为你提供帮助。

多少信息才足够

在一个完美交易中,最好的情况就是市场中某货币对被高估或是被低估。这意味着参与该货币对的交易者过多或是过少,在交易周期交易者较少的时间,市场为其他交易者提供了参与该货币对交易的机会。新进入的交易者会使原本被低估或是被高估的市场反向变化,即使是一笔资金量很少的交易。当评价这种市场变化时最好在一个快速、短期平衡的框架下考虑。最好的寻找正确交易方向的方法之一是投资于那些市场趋势将与你的投资方向相同的交易,并在账户盈利时平仓结束交易。

通过各种信息分析并阐释市场行情,交易者可以找到最佳的时点进入或是退出市场。如果你还处在使用模拟账户进行训练性交易的阶段,那么你应该首先学习什么样的货币对盈利空间最大,并了解什么是最佳的进入或是退出时点。为了能够对市场有全面的了解,外汇交易者应该尽可能多花费时间收集各类市场信息。

当你第一次学习如何交易时,为了在首次下单前熟悉并了解市场的流动,你应该浏览、聆听或是阅读四至五条不同来源的信息后再做决策。这一过程将帮助你树立正确的心态,有助于交易的成功,当你很长一段时间没有进行交易时也应该这么做。

第 2 章　为交易做好准备

在浏览或听新闻时做一些尽职调查同样会帮助你更精确地了解某货币组合近一段时间的走势或是某经济区的经济状况。当你需要站在他人立场，预测别人得到这一信息时的投资策略，先前的尽职调查也会使得预测变得十分容易。在交易中进行决策扮演，或是从另一视角观测市场可以使你提前看清市场走势，避免跳入陷阱。所有公开市场的消息都需要在结合市场环境的前提下被仔细审视，而非成为交易者外汇交易决策过程中的单独影响因素。

当然，利用交易商的报告以及实时通讯也是第一时间获得外汇市场信息的重要途径。下一步是查看 5 分钟、1 分钟及 30 秒走势图来确定进入或是退出市场的时点。交易前，尝试着全面了解你所想要交易的货币对所在经济区的经济运行状况。基于来源可靠的信息，运用你自己的投资理念及从短期框架图中得出的技术分析结论进行交易。

养成每日关注并思考本日财经信息的习惯也能够帮助你更好完成手头的任务：分析货币市场以及财经新闻，寻找交易机会并下单。从关注财经新闻开始，研究各种报告以及长期框架下的技术分析图，然后再研究短期框架下的技术分析图，这可以帮助你以正确的节奏以及心态进入金融市场。你可以跟进某一对货币对或是同时交易若干对。学习如何进行交易最好的方法之一是养成在短期框架下持续观察市场的习惯，并注意关注走势的变动。当你开始观察市场运动的模式时，你就可以开始下单交易了。

从什么地方获取信息

货币市场信息流动速度快，交易者初入市场时应基于可靠的信息（如中央银行官网、外汇经纪商的市场调查报告、大型新闻门户网站及信息发布平台）以及市场总体预期进行买卖操作。报告及摘要是基于数理分析、近期市场活动及变化、经济基本面分析及技术指标分析（与市场预期不同，市场预期多为主观判断并且一般会放大市场的反应）为交易者提供客观的市场分析。你可以在不进行交易的时候研究内容更为详细的报告。持续的阅读市场调研报告可以使你更加深入地了解市场动态并学习专业分析师的分析思路。

举个例子，比如说一份报告显示，在未来几个月内市场将持谨慎态度。同样你发现标准普尔500指数处于超买状态，超买是指资产的价格升至基本面因素无法支持的水平，达到很高的市盈率（P/E）。之前的报告加上标准普尔指数在一周内会处于目前水平以下，你可以推测出两点：一是标普500指数已经见顶；二是标普500指数很有可能会停滞在这一水平。相比于市场停留在这一水平，更糟糕的情况是市场修正（在被高估的市场中，交易者卖出证券，市场回到正常水平）。了解了这些信息，你应该知道目前应保持风险规避态度。这是因为市场处于超买状态，有可能会引发市场回调，当市场走势发生逆转时，保守的外汇交易者将获利。

当世界上的股票指数，如德国法兰克福指数DAX、法国CAC 40股票指数、伦敦金融时报100指数FTSE 100、标准普尔500指数在交易日呈下滑趋势，保持风险规避态度的外汇交易者将获利。保持风险规避态度的外汇交易会做多低增长国家的货币同时做空高增长国家的货币。保持风险规避态度的外汇交易典型的交易例子是做多欧元/美元，做空澳元/美元，做空新西兰元/日元，由此你可以看出，被看跌的货币通常是经济高速发展国家的货币。瑞典相较于欧洲大陆国家而言经济发展更稳定并且以经济增长为导向。

人们通常将瑞典经济以及瑞典克朗与高β值联系起来，即货币价值的上下波动与股票市场波动相关性强。瑞典克朗除此特点外，还有另外一个显著的特点：做多瑞典克朗的交易在市场呈上升趋势时通常表现良好，做空瑞典克朗的交易在市场呈下滑趋势时同样表现出众（见图2-1）。

第 2 章　为交易做好准备

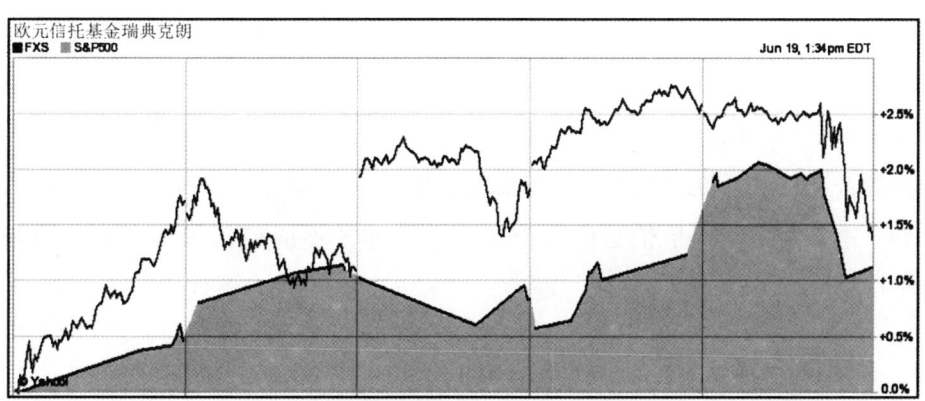

图 2-1　美元/瑞典克朗走势与交易所交易基金（FXS）及标普 500 指数的相关性很强

　　一个交易外汇并连续获取收益的很好的方式是交易"风险"。交易风险很简单：如果市场信号告诉你市场走势将会上升或是下降，那么相应你应该进行风险寻求交易或是风险规避交易。这或许是连续获利最简单的方法之一，你所要做的仅仅是观察哪些货币对与市场上下波动一致，哪些不一致。进行风险寻求交易时，澳元、新西兰元、瑞典克朗是很好的选择，你同样可以利用一些对你有利的经济快速发展的异国货币。一些很好的交易，有做空欧元/匈牙利福林、做空欧元/波兰兹罗提，因为匈牙利以及波兰都被认为是经济快速发展的国家，因此这些国家的货币价值相对于货币对中的另一货币欧元来说风险较大。如果你想"分散选票"，你可以再做空一笔欧元/捷克克朗——捷克的经济非常有发展前景。这些交易者会在市场环境比较好时做空欧元，以获取东欧国家飞速发展所带来的收益。同时，当市场环境较差时，交易应该反向操作，即做多欧元，因为历史数据显示，在这种市场环境下，新兴经济体的货币会相对于保守的欧元迅速贬值。

　　市场预期是市场中用于短期新闻报道中的术语。不要忘记的是许多交易者与你浏览相同的信息，使用相同的报告。你所应该做的是阅读字里行间的信息以及从众心理下这篇报告将对市场走势产生的影响，富有经验的交易者将如何进行预期，因为他们经历过很多市场变化。记住，常识外加长期框架下的分析报告可以预示某货币对价值是被高估还是低估。你可以将你手中的短期框架下的分析报告及电讯报道中推荐的买卖时点当作市场上的普遍预期，许多人都会盯住报告中推荐的买卖时点，因为许多人都看到了这一报道。但恰恰是因为上述现象，你才不应该仅仅参考这些报告下单。

避免噪声干扰

当你在一个非常嘈杂的房间，你将很难知道自己内心的想法，更别说是你身边朋友所说的话了。在房间中大喊以求得注意力是不可行的，那么你应该怎么做呢？许多人会选择挥手示意以取得某人的注意力。当你希望避免噪声干扰时，使用眼睛而非耳朵是更有效的方法，所以当你在浏览大量的新闻及报告时要记得这个方法。可能答案尽在眼前。市场运动以及预测可能并非完全是科学的，但经验可以让你更好地观察市场以及更好地把握交易机会。

当你选择信息源的时候，一定要变得十分挑剔。当市场过热时，你会在交易时段自动考虑交易机会及策略。当你成为专家时，将市场上大量信息过滤为背景声而非焦点的过程也将变得非常容易。当你浏览华尔街日报、收看美国全国广播公司财经频道、阅读报告时，你应该保持着挑剔的态度找到有用的信息，这些信息将成为你独有的交易方式获得成功的关键因素。

情绪化的市场

市场是由设计严谨的产品以及易于理解的交易规则构成的。虽然你的信息来源是很可靠、真实的，但交易者把金钱与情绪、贪婪联系在一起，并且总有一些微妙的组合。羊群效应外加多种多样的专业外汇交易者经严谨分析后下单，市场有时会变得情绪化。就像在拉斯维加斯算牌，纵览全部是一个愚蠢的选择，但只依靠某一信息源同样不会奏效。市场中有太多的未知数。但这也正是对冲基金以及大型投行所在做的事。他们试图将逻辑、统计以及数理思维运用到不可预测的、由交易者情绪推动的市场中。市场就像是一个难以驾驭的、热血的良马——有时候它会奔跑，有时候它不愿意。随着交易时间及经验的积累，交易者会消除耳边的杂音，找到他一直在寻找的关键信息，按照自己的策略进行交易，并以局内人对目前市场交易者的想法及情绪的感知为基础，纵观整个市场行情。

你应该听什么

作为外汇交易者，你在为自己打工，你为与自己交易相关的所有事务负责，其中最基本的是交易者需要自己识别可信赖的信息来源。

假设说你希望装修一所房子，但你知道你的能力范围。你不是建筑学专家，也不是十分了解管道或是电路。你会将这些部分外包以得到专业的服务。或许你有新来的朋友可以向你推荐承包商或是你在网上寻找承包商信息，并查阅其他用户的评价。你不会使用第一个敲响你家大门为你提供装修管道服务的人，同样不会在网上随便找一家公司来挖地基。在开工之前，你需要计划好地点，做好调查，设置好各种要求。

同样的，你去挑选所需要的瓷砖时其他人在讨论他们装修时所请的工人，你将希望听到更多的信息，对吧？别人的想法突然对你来说就变得重要了，尽管并不是对你说的。友好的交谈可以使你了解更多的信息，这些信息很可能在未来是有用的。但问题是你有多大的可能性会相信这些从不熟悉人口中透露出的信息呢？

当你的理发师谈论起他们请的装修公司毁了他们的新屋顶时你会竖起耳朵听吗？或是你希望从别的装修房子的人那儿也听到哪个装修公司服务也特别差吗？你一定不希望装修自己房子的工程人员是特别不靠谱的，你会试图寻找一位靠谱的工人装修自己家的屋顶以节约时间和金钱。当家人与朋友向你讲述他们装修过程中不幸的遭遇时你将更趋向于选择从自己希望听到的消息来源处得到的信息。

同样的事情在交易外汇时也会发生，你只听自己希望听到的消息，而把其他的消息自动屏蔽，这种情况多发生于爱传小道消息的人、多愁多虑的人或是容易惊慌的人身上。作为交易者，你应该理解投资者或是交易者喜欢谈论钱。市场上的人喜欢谈论他们最近一段时间的头寸情况，获得收益高的一笔交易，账户资金量是大是小，甚至是吹嘘以往盈利的经历以及他们是如何能获得如此多利润的。每个人都有一段故事可以讲。你会发现每个人都有自己的观点，并体会到钱是如何在收益与损失这方面创造出了平等的竞争环境的。

需要考虑的问题

毫无疑问，电视新闻节目时间空当被广告占领，你可能没有意识到的是他们也为了填补时间而播放故事，有的时候是详细的信息，有时仅仅是下个故事的铺垫，有时只是没有具体内容的新闻。期刊和杂志同样是这样的。你需要疑问的是：这些他们传播出来的信息是重要的吗？是需要应用到我的投资策略中的吗？这些信息的来源是哪儿？这本杂志的编辑是以满是噱头的新闻稿件而闻名还是以真实客观的描写而闻名？学习、研究、增长基础知识，你才能更加享受交易的过程。

论坛和电视

在快速更新、传递信息这方面，论坛以及电视具备很大的优势。当事件发生时，二者都可以选择进行披露的内容。在线论坛有新闻源、聊天室或是市场建议网站，电视节目对市场变化十分敏感，并且为了获取关注，他们的写作风格易于言过其实。我们可以把消息更新速度飞快的网络论坛以及电视新闻想象成为一个巨大的浅勺，上百条信息会流进浅勺中，一部分沉淀下来，多数只是浅浅的遮盖住了深层次的信息。

不要依赖电视新闻或是网上论坛——这是你需要铭记的基本交易原则。你可以时刻了解市场所有的消息，但只是大致情况，不要相信这些信息会给你展现一个真实、可靠的市场预期，也不要迷信这些消息源所推荐

第 2 章　为交易做好准备

进行的买卖操作。依据这些消息进行买卖操作是不受推崇的。事实上一些大型的提供财富管理的投行会建议客户在市场行情变化剧烈时关闭 CNBC。

在外汇交易中的首要任务是保持资本，第二要务就是盈利。每个交易日都应该保证自己的现金头寸是最安全的。当你确信自己有可能获利时才应该下单。因此交易者应仔细考虑交易的风险级别，交易风险的大小与预期收益相关。

当你做好第一步保持资本后，你可以开始推测市场将向哪个方向移动。假设标准普尔 500 指数在未来 3、4 天内朝一个方向移动，尔后会下跌至原始水平。如果标准普尔指数在 3 天内一直呈上升趋势，那么交易者就可以卖出获利了。通过更细致的观察，你会发现在连续的交易日内市场迅速增长。周末市场结束时的巨大的收益会使许多交易者十分开心，因为他们将在周一卖出以保证利润。如果市场是这种情况，你可以买入避险货币，或是进行风险规避交易。

经济新闻时间

在经济新闻报告周围环绕着许多的市场预测。来自领先的经纪公司、电视新闻节目主持人或是网络论坛的预测会大量产生。有时候产生的信息并非市场所能准确预期的。有时这会产生涟漪效应，市场会随着预测精确性的高低而上下波动。另一方面，如果预测与报告相符，即市场价格与预期相符，意味着价格水平已经完全反映了交易的价值，市场仍会出现大量卖单，这是因为人们知道利润已经产生了。更复杂的情况发生在交易时间重叠的区域内，连续的财经信息不断出现，例如亚洲、欧洲和美国。由于存在太多不确定性因素，市场最终的状态无法有确定性的推测，最好的方法是不要在账户留有交易头寸，尤其是报告中明确指出地区的货币的头寸。换句话说，如果你的第一目标是保全资产，那么在新闻大量产生的时期应该停止交易，可以选择在新闻产生之后再交易。

外汇交易入门

所以，为了准备好进行外汇交易你都需要做些什么呢？你需要知道技术水平、风险水平以及回报水平。如果你现在还没了解这些，接着阅读本书，这在后面的章节将会不断出现。

练习题

1. 在外汇市场进行交易容易形成"追求刺激"的交易模式。（　　）

A. 对

B. 错

2. 准备好进行交易最好的方式是（　　）。

A. 不用做什么准备，直接进行交易

B. 阅读本书

C. 学习研究尽可能多的有关经济以及市场的知识

D. B 和 C

3. 进行交易前，最好知道自己的（　　）。

A. 技术知识

B. 时间管理能力

C. 营销能力

D. 风险容忍度

E. B、C 和 D

4. 社交关系可以使你时刻知道最新鲜的事并且缓解由外汇交易带来的压力。（　　）

A. 对

B. 错

5. 最好的交易时点是市场对某货币错误定价时，这是因为（　　）。

A. 市场从未错误定价货币

B. 被错误定价货币很难发现

C. 其他交易者对市场反应过度

D. 其他交易者依据情绪进行买卖

E. C 和 D

6. CNBC 播报全球股票市场指数跌幅均超过 2%，由此你可以推断市场（　　）。

A. 交易量大

B. 到达周期性低位

C. 多是风险规避型交易

D. 多是风险寻求型交易

E. 风险高

7. 当看、听、读市场预期时，最好（　　）。

A. 仅从表面上理解

B. 使用这些信息进行交易，因为它们十分重要

C. 无视它们

D. 把自己当作专家去估计这些信息的价值

8. ＿＿＿＿＿与＿＿＿＿＿的结合会使外汇交易市场形势艰难。

A. 逻辑与信任

B. 知识与事实

C. 目标与局限

D. 情绪与贪婪

9. 你的外汇交易下单应该十分谨慎，应选择盈利可能性大的交易。（　　）

A. 对

B. 错

10. 有时候市场新闻会导致范围广且影响深远的（　　）。

A. 涟漪效应，导致世界范围内的市场波动

B. 恐慌，导致交易者选择风险规避型交易

C. 幸福感增强，导致交易者选择风险寻求型交易

D. A、B 和 C

第 3 章　如何在网上操作外汇交易

在本章中，你将了解到：

· 短线交易视角的重要性
· 外汇交易软件为投资者提供的便利
· 如何运用模拟账户训练交易技能
· 基础的风控手段——金字塔建仓法

第 3 章　如何在网上操作外汇交易

外汇交易者需要同时拥有短线视角及长线视角。给自己足够的时间彻底学习外汇交易软件,以便于准确地下单。如果交易平台提供练习使用的模拟账户,那么在进行真实交易之前请先用该账户尝试进行交易。在真实交易前的练习可以使你提高自信。这同样是新的交易策略以及交易理念的完美的测试场。

长短线视角

根据定义而言,短期交易持有期从几分钟至几天的时间不等,其优势在于可以滚动进行交易。需要记住的是,如果交易没有结束,账户没有平仓,那么风险一直存在。进行短线交易,除了基于在交易开始前长期评估的前景外,你可以基于每笔交易的质量对其单独进行评估。

你所追求的很简单。设定一个长期的标准,并同时通过短线交易达到目标。交易者最好结合超短线视角、短线视角、长线视角观测市场以及交易分析。超短线视角可以是从 1 分钟到 15 分钟,短线交易一般持有期是几个小时、1 天或是若干天,长线交易一般基于你所认为未来 3 至 6 个月内市场、经济状况以及货币对价值的运动方向。交易者需要对每笔交易进行评估,以便于明确重点并持续获利。表 3-1 列举了短期交易的基础。

表 3-1　5 个短期交易的基础

1.	每日对市场环境进行评估
2.	对可用资金以及保证金账户的快速评估
3.	寻找特有的交易理论
4.	评估可能会进行的交易的风险
5.	使用超短线交易技术分析图

外汇交易入门

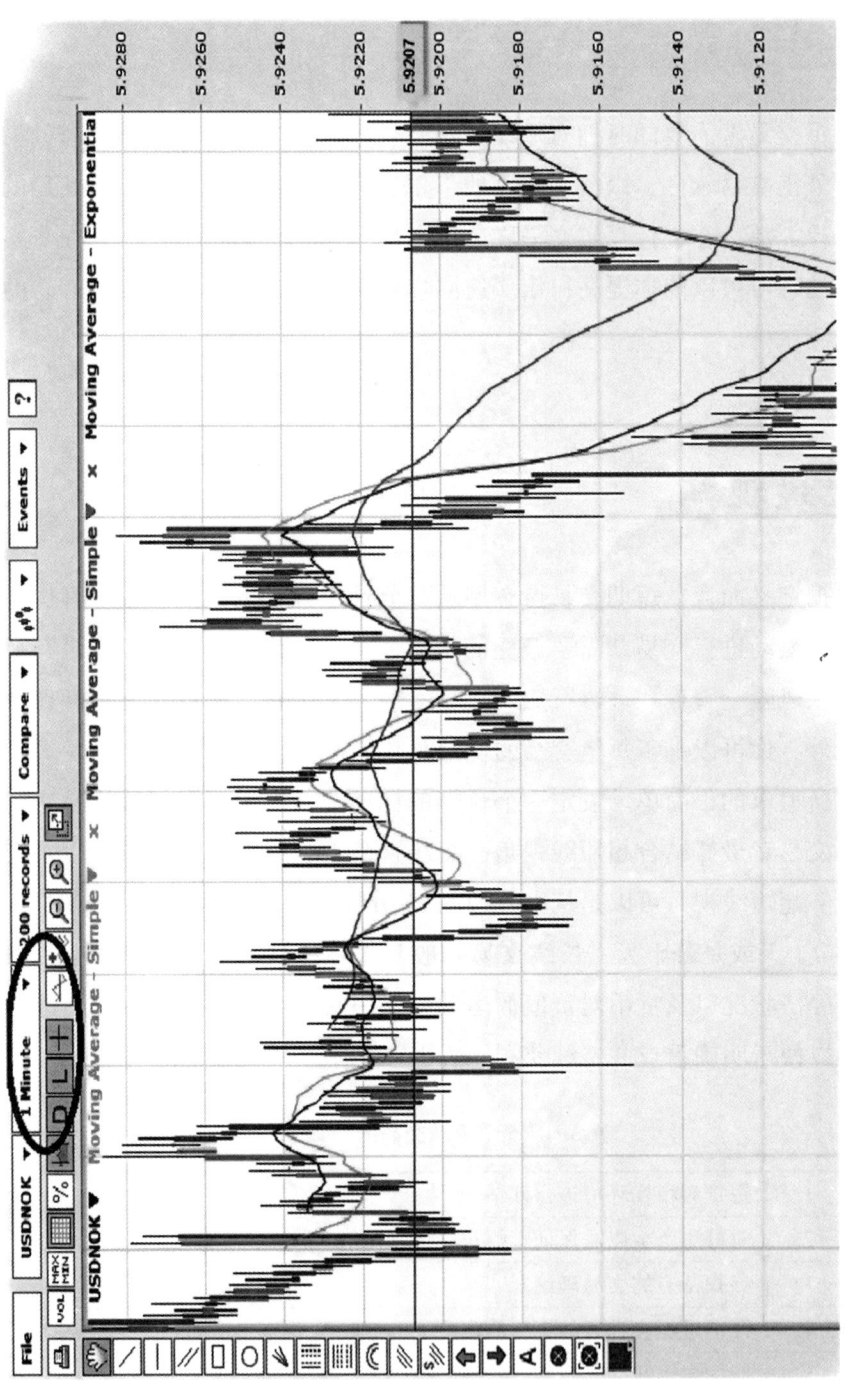

图3-1　美元/挪威克朗1分钟图

第3章 如何在网上操作外汇交易

与超短线交易相反的是持有期长达3至6个月的长线交易。进行长线交易的交易者看重基本面分析以及技术分析中某一经济因素是如何影响特定货币对的价格的,这样的分析组合可以在整体市场环境下加强对头寸的管理。比如说你从经纪商那里得到了一份分析报告,说商品市场利润丰厚,主要利润产生在能源市场。知道了这个信息,你可以仔细回顾一下自己近来对能源市场进行的研究,了解到挪威是一种原油——北海布伦特原油的生产大国。同样你了解到了加拿大生产大量石油,并有丰富的油页岩。接下来,结合你的知识与长期前景,在短期交易视角下分析交易获利的可能性。这种知识会引导交易者做多石油生产国的货币。看过新闻阅读过报告之后,外汇交易者做多加拿大元以及挪威克朗,同时做空美元及欧元。

在长线视角下需要有大局观。图3-1显示了时间周期为1分钟的美元/挪威克朗的走势图,图3-2为美元/挪威克朗的日走势图,展示长时间周期下货币对价值的变化。图3-2中的箭头涵盖了图3-1的价格变化。

了解世界经济,市场环境,主权债务,外币力量以及世界上发展中国家的相互影响需要花费大量的时间,而运用到交易中更是需要时间。这是个内容庞杂的学科,所以不要妄图一夜之间成为经济学家。国家、市场以及地区的基本面被整合在15分钟图、1小时图以及日线图中。在与日线图一样的界面中同样可以表达两年中的价格运动。

外汇交易入门

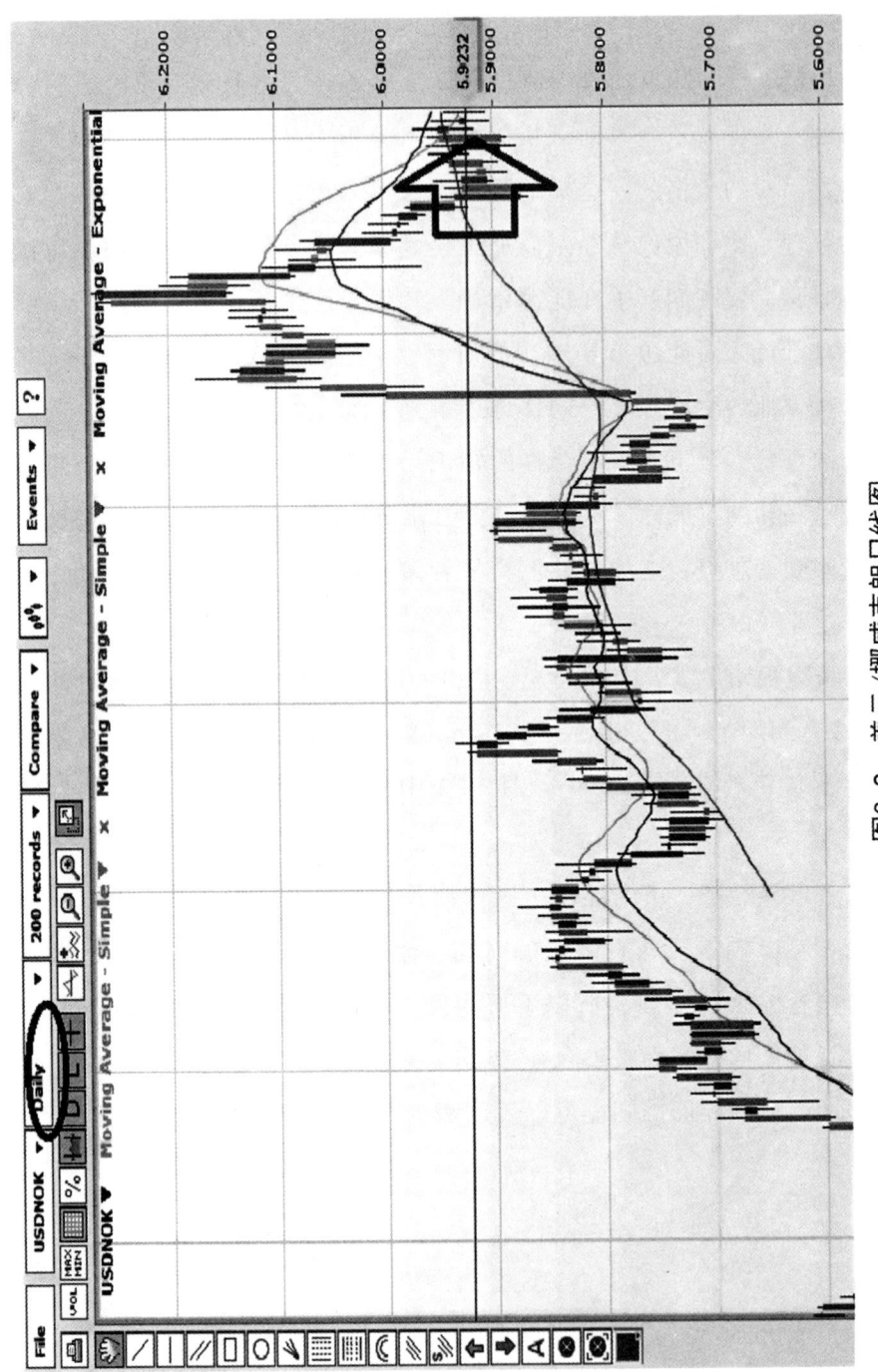

图3-2 美元/挪威克朗日线图

第 3 章 如何在网上操作外汇交易

交易软件

许多交易平台都提供入门级的账户,并提供寻找新闻报道以及不同时间周期的技术分析图。交易平台都包含相同的基础信息,见表 3-2。

表 3-2 外汇交易平台的 9 条交易信息

1.	实际现金余额
2.	可选择的杠杆率
3.	以美元计价的可用保证金
4.	仓位大小
5.	以美元计价的占用的保证金
6.	还未实现以及已经实现的盈亏
7.	持有头寸
8.	仍然有效的买卖指令
9.	未平仓交易的浮动盈亏率

交易者程序的一部分会是实时的新闻报道,外加你所关心的交易的价格窗口,当证券价值上升或是下跌时,界面灯从绿色变为红色。多数交易可以在一台笔记本电脑上完成。大型投行交易员利用多屏电脑以便于持续追踪交易者仓位,有时甚至达到同时更新八个屏的信息。

检查一下交易软件的交易记录板块。它显示了现金流动的历史记录以及日利息收入(如果有的话)。当交易者白天进行交易时,未平仓交易可以在交易板块找到,在这里你可以观察它们进入市场到开始盈利的变化。当操作多笔交易时,你可以在关闭交易的界面进行操作并且可以 自持有到最后时刻以获得更多的利润。之后收益会自动返还到交易者账户,表现为实际盈亏并增加(或减少)下次交易可用的资金。

交易软件可以向交易者展示目前持有的头寸以及各笔交易的获利或是

亏损状况。走势图可以以图表的形式向你展现未平仓交易的上下波动，同样可以在图上标示出进入的时点，也可以设置退出时点。观测自己的交易逐渐进入盈利区间会让你体验市场变动的感觉。

外汇账户的另一个特点是对冲头寸。在交易者建立对冲头寸，并且盈利状况良好时，软件会告诉你净利润率以及以美元标价的净利润。这时你仅需要轻轻一点击就可以平掉所有形成对冲的头寸，锁定利润。软件会显示对冲交易的最终收益，你可以从技术操作、效率或是其他方面评估这笔交易，以便于下次对冲交易更顺利地进行。

虚构的账户带来真正的认识

不要低估练习的力量。技艺娴熟的音乐家每天花费六到八个小时练习，才能演奏出世界名曲，即使他们已经成为乐队中的首席也从不疏于练习。或许在市场上进行过几笔交易的交易者会不屑于"虚拟货币"这一练习方式，但他们从不否认练习交易技巧的重要性。不要低估模拟账户的价值。通过操作同样的程序、软件以及实时数据，交易者可以了解平台是如何运转的，各种操作信息是在什么地方显示的。你可以依据真实的市场数据及利率进行买卖操作。尝试不同的杠杆率，进入不熟悉的分市场及板块，通过建立对冲头寸检测自己的交易技巧。如果一匹马只是站在马厩中，你不会知道它到底可以跑多快。你可以回顾你的交易，看看哪些成功了，哪些没有，评价交易过程，感受真实市场中的跌宕起伏。而这一切不需要你冒任何风险。

另外，当你用模拟账户进行交易时，你可以检测经纪商的水平。根据他们的建议下单，看看市场最终是否按他们所说的那样变动。也许他们的投资建议十分可靠，但相对于你的投资策略来说过于保守。或许你想测验一下自己的直觉，那么你可以使用没有风险的模拟账户进行测试。当市场正处在大幅波动的时期，你可以暂时退出市场，用模拟账户进行练习，直到波动逐渐减小。

就算是虚拟的盈利也可以提高你的幸福感，因为这让你看到功夫不负

第 3 章 如何在网上操作外汇交易

有心人以及你对市场把握的精确度，还能感受到自己做决定的快感。使用模拟账户可以使交易者快速提升交易技巧，并且经事实证明是测试不熟悉领域的一个很好的渠道。

仔细询问你的经纪商，有些公司的模拟账户有使用时间限制，例如仅能使用 30 天。有些公司规定只要交易者有活跃的交易账户就可以一直使用模拟账户。

用更敏捷的订单输入快速进行交易

每个交易平台都有一个订单输入系统，交易者通过这个系统下单。有些有大量的功能，有些经过简化设计，更加易于使用。对自己能够准确下单抱有信心是很重要的，尤其是在交易中面临市场时机选择时。在下单时，你一定不希望自己失误并在下单界面上输入错误的数字，例如输错了交易的资金量，或是错误的止损点和止盈点，或是原本是要做多，结果错误地输入了做空。这些都是关系到最终盈亏的，因此应该谨慎对待。

通过在模拟账户中的不断练习操作不断熟悉下单界面，最好的学习方法是进行刷单交易。刷单交易是关注短期时间周期下的技术分析图，一般是 5 分钟图和 10 分钟图，运用小额的资金快速进行交易。在交易前先写下你想交易的证券或是货币对，以及你想选择的保证金比率。在点击下单的确认按钮前要仔细想清楚这笔交易可能的运行过程。交易最初的速度并非最重要的，精确度才是。你会发现随着交易数量的积累你会越来越熟练，速度大幅提高。

压力和情绪会随交易运行情况上下波动。在飞速变动的市场中进行大单交易时，利用模拟账户交易来学会控制自己的情绪。在没有风险的模拟交易中逐渐适应高压的交易环境是用真实资金进行交易前很好的练习方式。

为新手提供更多的建议

即使是每天抽一点时间进行交易都可以增加你的自信，不仅仅是订单输入技巧，还包括市场方面的技能。参与市场交易越多，你将会越自信。最开始你应该每次操作一笔交易，并交易整数手。随着逐渐熟悉整数手的交易，你就可以转而使用百分比数字进行交易了。

如果模拟账户允许，那么先使用少量的虚拟资金进行练习。如果用大量的资金进行练习的话，在真实交易中如果没能达到这一盈利水平的话会令自己失望。如果你不能在模拟账户中设置较小的资金量，那么就不要下大单，而且不要频繁下单。除此之外，只进行少量的交易就休息一下。学习外汇交易的过程中需要占用注意力，当把长时间高度集中的神经打断变成间或的时间段时可以使交易者缓解疲劳。持续关注若干个交易是很令人疲惫的，但也不要妄图只进行一笔规模大的交易，然后平仓。就像在拉斯维加斯，你不会把所有的钱都压在赌场的第一个赌桌上一样，最好在赌博间隙享受旅程，入住最豪华的酒店，品尝美味的午餐。

没有风险，但以真实感情模拟的账户交易

新手在一个不稳定的市场环境下交易就会感觉像是坐过山车一样。即使是经验丰富的交易者在这种环境下也会觉得心惊肉跳。这时就是模拟账户大显身手的时刻了。尽管你并没有交易风险，你却身处于同样刺激的市场环境中，和其他人一样可以看到自己账户的盈亏像指数变化般迅速。模拟账户会让你体验这样的大幅波动市场，并体验成功、失败以及两种极端情况下的情绪控制——这是交易成功的必要前提。事先知道巨额亏损或是盈利的感受可以帮助你控制感情波动并以新视角进行交易。

除了测试你的情绪控制能力，模拟账户可以让你了解如何在你熟悉并喜欢的市场情形中找寻交易机会。同样它可以帮助你管理保证金以及选择正确的杠杆率，向你介绍如何使用金字塔建仓法降低投资风险。运用模拟账户进行交易可以使你学习平台的各种功能，并且教会你如何在关闭损失账户后避免懊恼情绪。同样可以让你了解如何盈利并且避免过度的贪婪，甚至是如何设置止盈位，自动锁定盈利。最终你会了解如何面对损失，了解什么在市场中是重要的，以及在市场高点以及低点学会保持镇静。探索

市场中所有的情绪，了解自己最适应的风险水平，知道在一系列盈利交易后如何取舍，这会保证你成为一位成功的外汇交易者。

用模拟账户进行交易时账户出现损失是完全可以接受的。所有的交易者都应该在虚拟交易时下一笔大单然后体验一下交易产生巨额损失的情况。从中学习到教训并将这些经验进行总结，尽量避免这类错误发生在真实的交易中。即使真实交易中只有一个错误是因为在之前的模拟操作遇到过而避免的，那么学习所花费的时间就是值得的。

从模拟账户的交易中尽可能多的总结经验教训，这将很大程度上影响你未来以真实资金进行交易时的市场表现。从虚拟交易中得到经验教训的成本小，因为根本不存在风险。应该将模拟账户当作是拥有真实资金的账户对待，在下单时同样谨慎。你对模拟账户的掌控能力越高，你在真实交易中的表现就会更出色，不仅仅会有真实盈利的返还，而且会使你真正享受外汇交易的过程。

金字塔交易法

在交易中一个非常好的技巧是金字塔交易法。以多头建仓为例，金字塔买入法的特点就是将买入的投资产品的平均价格保持在次低价格。财富顾问如美林公司、摩根士坦利以及其他公司经常会建议自己的客户在一个较长的时间跨度内投资共同基金，而非进行一次性的全额投资。换句话说，他们建议自己的客户每周、每两周或是每月固定买入同一种共同基金。通过这种方式，投资者以平均价格买入共同基金，不高也不低，这一情况是建立在买入证券的期间内市场价格不断上下波动的前提下。

这一方法同样适用于外汇交易，你可以将买入某货币对的过程分成好几个阶段，例如设立3个、5个或是7个买入时点。这个方法很有效，这是因为你几乎不可能知道在什么时点买入是最佳的，或者知道货币对什么时候处于低位，什么时候是最低点，什么时候是最高点。退一步讲，可能

外汇交易入门

你最初买入的时候价格比较低,但交易者无法确定这是否是最低的价格。最好的方法就是将你打算投入某货币对交易总额的资金等分为5份,每份资金额是你单笔交易规模的上限。这种方法几乎从未失败过。当每次只用五分之一的资金买入时,账户中有足够的保证金,你可以在买入证券价值下跌时继续买入。在价值下跌时持续买入,甚至是在价值上升、开始盈利时也不要停止。这是金字塔交易法的关键——同一笔交易,多个买入时点。

为更加完整地理解金字塔交易法,以同样的方式平仓。在这种情况下,你将分为若干次进行平仓。因为你不知道什么时间卖出平仓是最有利的,因此你会留一些头寸为未来更有利的机会做准备。如果价格运动方向对你不利,你也已经在价格处于高位时已经获得了一些收益。用金字塔交易法可以提高你的风险管理水平,将金字塔交易法运用自如后,长期来看,交易者可以在将损失水平维持在最小的情况下获得巨大的收益。

那么,驾驭基于网络的外汇交易世界都需要什么呢?你需要长短线的交易视角,学习外汇软件,利用模拟账户体验外汇交易过程。如果你现在还没了解这些,接着阅读本书,这在后面的章节将会不断出现。

练习题

1. 当进行外汇交易时,最好从长期交易视角转为短期交易视角。(　　)

   A. 对

   B. 错

2. 长线视角下外汇交易持有期一般为(　　)。

   A. 3至6周

   B. 3至6个月

   C. 6至12周

   D. 6至12个月

第3章 如何在网上操作外汇交易

E. 上述答案均不对

3. 基于网络的外汇交易程序被称为（　　）。

A. 交界面

B. 交易台

C. 交易软件

D. 交易平台

E. 上述所有

4. 如果账户可以建立对冲头寸，那么你可以同时平掉（　　）。

A. 盈利头寸

B. 亏损头寸

C. 所有头寸

D. 什么都不能

5. 一个很好的学习寻找交易机会的方法是（　　）。

A. 随机的进行多笔交易

B. 记录交易过程并复盘

C. 学习经纪商的市场报告并在模拟账户中根据经纪商的推荐下单

D. B 和 C

6. 熟悉外汇买卖下单最好的方法是用模拟账户进行练习。（　　）

A. 对

B. 错

7. 你从虚拟交易中所能学到的最好的经验之一是在知道交易获利或是亏损后自己的情绪。（　　）

A. 对

B. 错

8. 金字塔交易法类似于（　　）。

A. 平均成本

B. 建仓

C. 风险管理

D. 上述所有

9. 金字塔交易法可以用于建仓也可用于平仓。（　　）

A. 对

B. 错

10. 金字塔交易法可以通过3、5次相同规模的买（卖）进行。（　　）

A. 对

B. 错

第4章 外汇交易及整体投资：
外汇交易能否使交易者达到投资目标

在本章中，你将了解到：

- 外汇交易的收益或收入
- 如何通过外汇交易达到自身的投资目标
- 外汇交易的风险
- 如何把外汇交易加入自己的投资组合中
- 高风险、高收益型和低风险、低收益型外汇交易策略

第4章 外汇交易及整体投资：外汇交易能否使交易者达到投资目标

作为投资者，你只有两个目标：资本保值与资本增值。资本保值是为了今后的资金使用而进行储备，这类投资一般是低风险的、安全性高的投资，作为代价投资者需要接受较低的收益预期或是利率水平。这部分资金在收益方面的牺牲是可以接受的，因为这部分资金是为了必要时候进行消费的。

投资策略中还有一部分资金是为了增值的，这部分资金量会随市场上下波动，但总体而言是呈小幅度上升趋势的。你期待的是在未来这些投资的价值要高于它们现在的价值。不同于资本保值，这部分资金会承担比较高的风险，这是由于这部分资金是为了资本增值而进入投资领域的，并非是为了将来某时间的消费。你承担的风险是这部分资金的价值在未来可能并不比现在多。你基于未来获得资本增值的目的而承担相应大小的风险。

在制定投资策略时，你首先会产生的疑问是：我应该选择收益较高风险也较高的投资工具，还是收益较低风险也较低的投资工具呢？当进行外汇交易时，问题变为：基于自己的投资目标以及上述问题的答案，开设外汇账户并进行外汇交易可以让我达到这些目的吗？

外汇交易可以让你实现若干个目标。你可以将大部分资金投资于低风险的投资组合，然后将小部分资金用于风险较高的外汇交易以获取高收益。

用不同的交易方式达到目标

交易者通过不断的交易达到金融目标是大有可能的。如果他追求高收益，他可以每晚都进行交易——短线交易外加高杠杆率可以使外汇账户持续、快速地累积收益。这类交易方式有刷单交易、隔夜交易以及仓位交易。

为获取资本增值而进行的外汇交易

英镑/美元交易示例如下：

做多英镑/美元：在建仓时汇率水平为1.25美元兑1英镑。交易者卖出美元买入欧元，每卖1.25美元，交易者可买入1英镑。即你每借入并卖出1美元，就可以买入0.8英镑。

持续关注英镑/美元的价值变化：假设你预测的市场运动方向是正确的，英镑相对于美元价值上升（或是表述为美元相对于英镑贬值），如今市场上的汇率为每英镑价值1.3美元。

平仓：你将以每英镑1.30美元的汇率卖出英镑并将资金转换为美元。1GBP/1.30=1.04，1.25英镑现在价值1.04美元。

实现收益：平仓后将1.25英镑兑换为1.04美元。归还当初向经纪商借入的1美元，你将得到0.04美元的收益。这就是这笔英镑/美元交易的利润。

与你的交易风格相符的外汇账户

外汇交易的一个优点是交易者可以根据自己的交易风格设置个性化的账户。当设置自己需要的交易系统时，你需要考虑自己的风险容忍度、资金量、你想要投入外汇交易的时间。无论你的风险容忍度以及期望的收益水平是什么，你都能找到适合你的外汇交易系统。

外汇交易风险因素

投资的一个基础性原则是，为了获得收益，投资组合需要承担一定的风险。市场经验告诉我们，承担的风险越大，预期收益越高。换句话说，

第4章 外汇交易及整体投资：外汇交易能否使交易者达到投资目标

没有风险的投资组合也将不会为投资者带来任何收益。

风险会令人感到不安，特别是关系到财富的风险。为了使你能够更为客观地看待风险，你要把自己想成一位对冲基金经理、投行从业者或是外汇交易商，这会使你考虑问题更加专业，促使你承受风险，当然市场同样会以收益的方式补偿你所承担的风险。

资产形式的转变是外汇交易的前提，与其他投资方式相同，交易者必须承担风险才能获得收益，但是补偿风险的收益是有限的。另外，你应该随时关注投资组合发生损失的可能性大小，如果某产品发生损失的可能性很大，那就不要投资于这个产品。你应该考虑一个交易策略，使你承担的每单位的风险获得相应最高的收益，而非将所有资金投入到风险级别最高的产品寄希望于获得高收益。

现实中确实存在一个比较投资绩效的标准。夏普指数是基于投资者盈亏以及总收益而计算出的指标。夏普比率越高，投资绩效越好，投资组合越佳。通过计算某投资组合的夏普比率，你可以计算出该投资组合投资人每多承担一份风险，可以拿到几份报酬。换句话说，夏普比率可以衡量波动率与收益之间的关系。如果某金融产品有很高的波动率（即价值上下波幅很大），但收益率却很一般，这一金融产品的夏普比率就会很低。另一方面，如果某金融产品波动率比较低（即价值上下波幅较小），但收益率却和第一个金融产品相当，这一金融产品的夏普比率就会比第一个金融产品高。一项投资的夏普比率是以风险（或波动率）大小作为成本衡量收益率水平的。因此回报率高且价值波动幅度小（即风险小）的产品是最佳的投资选择。夏普比率越高，每单位收益承担的风险越小。

许多投资主体的交易都是基于以更小的风险追求更高的收益这一理念的。你也应该设定同样的交易理念。以有限投资追求更高收益的最好的方法之一，就是知道外汇交易中风险的来源。本书也将介绍将自己投资组合的风险调整得更小的方法。

了解自己的风险容忍度

为定义自己的风险容忍度，你应该首先知道自己想交易哪种货币，以及应该将交易账户设置为什么水平。如果你想在外汇市场存活，你不会希望自己交易频率很低以至于账户资金没能得到充分利用。如果外汇交易对你来说只是消遣以及挣些零花钱的活动，那么你一定不会将其设置为每天需要好几个小时坐在电脑旁进行操作的账户类型。

当你问自己你希望从外汇交易中得到什么时，一定要问清自己在此过程中什么是自己不愿意舍弃的。这在设置交易账户时同样是十分重要的。

你可以阅读世界上所有关于外汇交易的书以及分析报告，但世上所有的知识并不足以让你开始交易，而是搞清楚了自己从外汇交易中希望得到什么之后才会开始交易。问问自己"希望从外汇交易中得到什么？"任何答案都是可以的——为了娱乐，为了盈利，为了在资本保值的同时获得一部分增值，或是将外汇交易作为职业——只要你有明确的目标就可以。

搞清楚自己风险容忍度最好的方法是回顾一下以前的经历。如果之前曾投资于期货、期权或是大宗商品，那么你应该是风险寻求型投资者，如果你仅投资于对冲基金或是国债，那么你很可能是风险规避型投资者。

不要害怕问自己棘手的问题。一旦你知道了自己的目标，你将会看到外汇市场更广阔的蓝图。如果你的目标是资产增值，假设说是偿还车贷或是支付度假的费用，那么小额、低风险的账户以及保守的交易策略最适合你。相同的，如果你想增加投资于债市的投资组合的收益，那么你同样应该选择保守的交易策略。

如果你想获得巨额的收益，比如用于偿还房贷的资金甚至是希望可以依靠获得的收益生活，那么你可以考虑高风险的投资组合或是投资策略。开始交易之前，你要决定自己每月需要获得多少收益。根据数额的大小决定自己选择的风险级别。每月需要获得的收益越多，承担的风险越大。

第4章 外汇交易及整体投资：外汇交易能否使交易者达到投资目标

外汇交易以及投资组合

当你开始考虑要从外汇交易中获得多少收益时，最好从考虑自己可投资的资产开始。许多人错在只考虑自己想达到的或是需要的盈利水平，如果保持这种思考方式，那么你只考虑了回报，而没有考虑你以及你的账户所需要承受的风险的大小。

你需要问自己的第一个问题是："我应该在账户中存入多少资金？"无论是对希望依靠收益偿还助学贷款的学生，或是孩子正在上学，希望从外汇交易中获得一些小额收益的妈妈，亦或是将资金大量投入到低风险低收益产品上的百万富翁，这一问题均适用。首先你要确定的是你会投资多少资金。

为了弄清楚投资额的问题，首先需要知道自己可用于投资的资金有多少。如果你是第一次投资于外汇市场，那么应该只在账户中存入少量资金——比如你的娱乐支出。这笔资金可以使你熟悉外汇交易的流程，并且避免在市场走向不利时使你过度地担忧。另一个能够缓解外汇交易压力的方法是以你愿意损失掉的金额为上限进行交易，就像赌博时候一样。如果你把交易的资金想象成已经花掉的钱，那么你就可以当作钱已经没有了并享受交易以及承担风险的过程。

现在你已经决定用多少资金进行交易了，那么你应该回顾先前参与过的市场并弄清楚自己的风险偏好类型。如果你想要用收益偿还车贷或是支付旅行的费用，那么你可以采取保守的交易策略。如果你希望用收益偿还房贷或是依靠收益生活，那么你可以采取风险较高的策略。当你决定自己要承担什么级别的风险时，你可以基于账户规模的大小考虑这一目标是否现实。比如说，如果账户余额为500美元或是1000美元，就算是风险寻求型交易者，获得能够偿还房贷收益的可能性也是微乎其微，但有可能获得偿还车贷的收益。

外汇交易入门

能够决定交易者在外汇市场收益水平的有若干个因素。你必须考虑自己的目标，可用于投资的资金，风险容忍度以及账户规模。当你弄清楚了这些要素，你就可以确定自己在外汇交易市场期望获得的收益水平了。

一个确定投资金额的方法是考虑自己的可投资资金总额。如果你现有的投资组合中包含股票、债券或是共同基金，那么你可以把外汇市场作为替代型投资领域。就算是你将多数资产投资于较为传统以及保守的市场，你也可以分出一部分投入外汇市场。外汇交易可以作为其他交易的对冲交易，降低整个投资组合的风险。

为其他交易的对冲交易

外汇交易是如何作为其他交易的对冲交易的呢？股票及债券的价值随市场环境上下波动，而外汇市场的收益有时与股市的变动完全不相关。货币价值容易波动，所以你可以做多或做空某货币对，选择短线交易或长线交易，或是选择收取利息。如果你的投资组合中股票占多数，你可以将外汇交易作为股票头寸的对冲交易。你甚至可以做到当整个投资组合价值下滑时保持外汇账户持续盈利。

在以外汇交易作为股票交易的对冲交易这一想法下，拿出10%—20%的交易资金放入外汇交易账户是一个很好的主意。这一比例是大型资产管理公司，如美林或是瑞银集团所推荐的适合投资于替代型资产的比例。

就像刚才所提到的那样，外汇并非直接与债市以及股市相关，因此外汇资产的收益与市场回报无关。因此可以将外汇投资作为替代型投资策略，投入外汇交易的资产为替代型资产。其他替代型策略有大宗商品市场例如原油，或是贵金属投资领域例如白银、黄金。因为原油、白银以及黄金是在世界范围内进行交易的，参与这些市场与参与外汇市场类似。因此，如果一个投资组合中10%—20%的资金投资于原油、白银和黄金，那么这个投资组合有效地分散了风险。

第4章 外汇交易及整体投资:外汇交易能否使交易者达到投资目标

现代投资组合理论是基于马科维茨(Harry Markowitz)于1952年发表的一篇论文《投资组合理论》。自从该论文发表后,几乎所有的职业财富管理公司都基于这一理论进行投资运作。该理论认为,所有投资者都应该通过充分分散风险以追求最小化风险的同时最大化自己的收益,而分散风险的方式是将资金分散投资于相关系数小的市场。投资组合可经投资进行风险分散的领域有很多,可以既投资于股市也投资于债市,投资于贵金属市场以及原油市场,或是投资于替代型资产如开设外汇账户。外汇市场虽然风险较高,却可以起到降低投资组合受本国市场变动影响的作用。

当你考虑开始长期从事投资时,你想要或是需要得到的收益可能看起来会非常庞大。但不要被这个数字吓倒或是因此而丧失信心,先将这个目标数字分解,弄清楚为达到这个目标每日或是每周需要产生多少盈利。例如你每月需要550美元还车贷,如果你可以保证每个月20个交易日,那么大约每天要产生27美元的收益,每周要产生135美元的收益。

从这个角度看,每个月盈利550美元这个目标就不那么让人沮丧了,你可以用1000美元的账户达到这一收益水平,每个头寸占有10%左右的保证金,每天做两笔收益率为0.5%的交易,杠杆率设定为50∶1。这样你就可以轻松地在两个小时内完成一天的任务了。

在交易时你应该时刻牢记自己的目标,这样才能达到预定的收益水平,确定自己没有在高于自己承受范围之外的风险级别上进行交易,即使你发现了收益非常高但同时风险也非常大的交易机会时也不要轻易尝试。你要提醒自己你的目标只是每月获得550美元的收益。

市场上有许多人低频率地进行交易,并且他们并没有明确的投资目标。如果你是这种类型的投资者也是完全可以的,这意味着你是娱乐型交易者,并且不会每天处于盈利目标的压力下。

"我希望盈利越多越好"——这并不是一个目标。或许听上去这很像是目标，但仔细考虑的话你会发现这个目标并没有包含具体的内容，因此也很容易造成为达到目标而努力程度的标准的缺失。如果没有明确的目标，你也无从判断某一交易风险是否过大，这样一来你就会投身于风险越来越大的交易，直到某一时点市场行情对你不利，导致巨大的损失。

虽然听到过某基金经理去年年收益率达到70%这种令人振奋的消息，但多数人认为这只是昙花一现，除非他们能在本金不承受风险的情况下再达到这样的成绩。大型新闻机构希望与不论市场行情如何都可以做到年收益10%的基金经理对话。10%听上去或许是个较低的收益率，但如果你有明确的目标，10%足够达到你期望的盈利额。

外汇交易：资本利得及利息收入

就像在本章开头所介绍的那样，外汇交易者有两个交易目标：资本利得与利息收入。两个目标都可以使你的账户余额增加。当你在某一价格买入货币对，持有一段时间后以另一价格卖出时，你将会获得收益，持有期从几分钟到几个月不等，这种盈利被称为资本增值。你可以通过低买高卖这一在其他投资领域也普遍使用的方法达到增值目的。

在外汇交易中，多数利润都是通过以不同的价格买入卖出来实现的。每笔外汇交易中交易者可以用50倍的杠杆放大交易规模，所以现在你大概已经理解了如何通过这种方式获得大部分的盈利。其余部分的收益是通过套利创造收入实现的。

图4-1展示了新西兰元/美元套息交易中交易者不仅获得了套利收入，而且也获得了大量盈利。资产增值体现在新西兰元相对美元升值0.01（或升值1%）。如果交易者选择50∶1的杠杆率，那么盈利水平就是50%。

第4章 外汇交易及整体投资：外汇交易能否使交易者达到投资目标

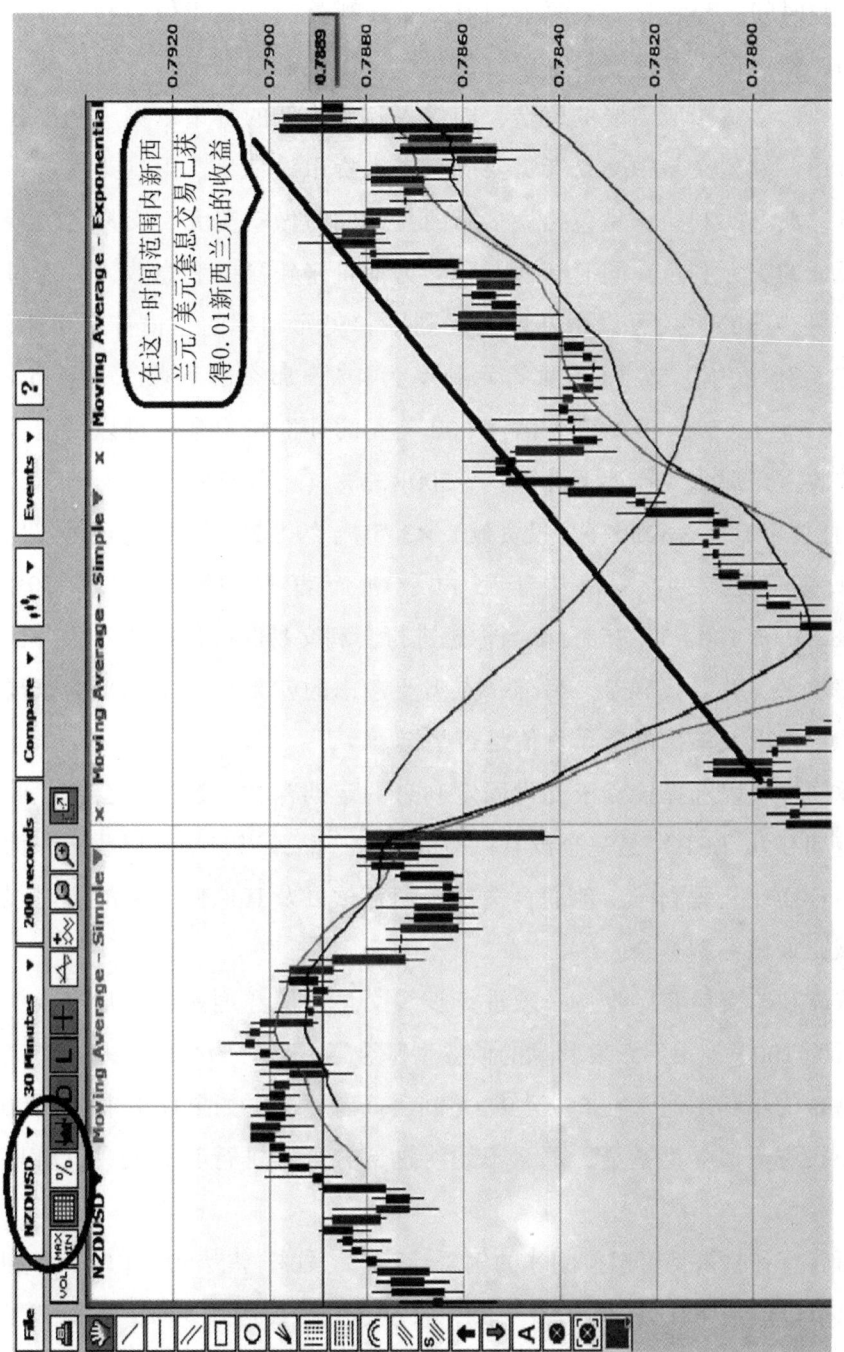

图4-1 新西兰元/美元利差交易

外汇交易入门

多数时间，套利收入来源于利差交易。利差交易是指做空利率较低的货币，然后做多并持有较高收益的货币，借此赚取利差。做空的货币用于支撑做多货币所需要的资金，即借入利率较低的货币以买入利率较高的货币。利差交易中交易者需要支付借入货币的利息，得到买入货币的利息。典型的利差交易包括做多新西兰元同时做空美元，交易者需要支付较低的美元利息，同时新西兰元会为他带来较高的利息收入。通过利差交易获得的收入可以由新西兰元利率和美元利率的差值计算出来。如果美元利率为0.5%而新西兰元利率为4%，那么套利收入为3.5%（4%−0.5%＝3.5%）。如果要估计500美元的外汇账户余额可以创造多少利差收入，那么应作如下计算：＄500×33%（最高仓位）＝＄165×50∶1（杠杆率）＝＄8250（总投资额）×3.5%＝约＄288.50，这还是仅以单利计算。这一收入相比于账户余额而言收益率超过了50%（＄288.50/＄500＝57.75%）。当你想进行套利交易时，你需要寻找各国的利率水平，并寻找利差。另外一点需要考虑的就是高利率水平国家局势的稳定性以及该国的货币价值是否坚挺。

你同样可以选择投资于支付固定利息的定期存款，这同样会产生收入。定期存款（CD）是完全没有风险的金融产品，当交易者以收入作为第一目标而非是盈利时，他们会选择定期存款以及其他低利率的金融投资领域，如债券型基金。

依靠利差交易获得收益必须进行长线交易。债券型基金的最小投资额通常为1000美元。派发利息的债券型基金通常被称为高收益基金。高收益基金的年利率通常在5%至9%之间，或者更高。如果你本来有1000美元要投资于债券型基金，那么不妨将这部分资金进行套利交易，赚取利差。

所有套利收入都可以按刚才的例子计算：当杠杆率为50∶1时，年利差收入可以达到400美元至650美元，收益率大约会达到54%左右。如果你将这1000元投资于债券型基金，那么每月你可以获得7.5美元的收益。尽管债券型基金的风险要远低于外汇交易，但交易者可以构建包含债券型

第4章 外汇交易及整体投资：外汇交易能否使交易者达到投资目标

基金以及套利交易的投资组合以增加每月的收益。

如何将风险控制在较低水平

另一种交易方式就是低风险低收益型交易。使用这一方法的第一个步骤是了解外汇交易的基础，进而决定相对于整体资产而言多大的外汇交易规模是合适的。学习如何在低压力的状态下进行交易，以及你需要花费的时间和想要达到的收益水平，这些要素也同样是十分重要的。

对交易活跃的市场情有独钟的交易者也不喜欢赔本，他们希望通过投资于低收益的产品以达到低风险交易的目的。他们只用账户中的资金交易，并保证损失不会超过账户余额。交易者可以只用250美元进行交易并获利。甚至100美元也可以让交易者获得收益并体会到参与全球市场交易的快感。

交易账户中的资金量可以投入一些有趣并且收益较好的交易中，你可以在休闲时间或是晚上完成这些交易。想象一下仅仅依靠自己250美元的账户，每晚只进行3到4笔小额交易，每天平均只获得很少的收益，比如说10美元，日积月累仍是一笔不菲的财富。

外汇交易并不必受限于账户余额的多少。损失一两美元仍然会让交易者不开心，所以当作自己在用上千美元进行交易。就算是每笔交易额仅为20美元，如果草率下单，无论资金量多么庞大的账户也会很快耗尽。

不管你相信与否，许多囊中羞涩的大学生也通过外汇交易挣钱。他们很多人经常熬夜，在宿舍里把昨夜凉掉的比萨当作早餐，有时他们甚至在写期中作业期间交易。早晨到来时，他们用挣来的钱在街边小店买杯浓缩咖啡。

你不需要为了买咖啡的钱熬夜交易。这种兼职类交易的一大好处就是你可以抽时间享受这周或是这个月的盈利。甚至五分钱老虎机也可以作为很好的消遣方式，所以钱不够花的时候就翻翻这本书。一些经纪商允许账户余额只有1美元，因此你只需要从这里找到胜利的步伐，按自己的节奏，享受市场行情的上升。

外汇交易入门

　　另一个将交易控制在低风险的方法是只将较少比例的资金投入到风险较高的领域。存入低风险低回报账户的资金会占到投资组合的 20%–30%，而只有 5%或更少的可投资资产将投资于风险较高的领域。

　　这一方法意味着你可以将一小部分资金放在外汇账户中，在市场波动时获得相对于其他传统投资方式较高的收益。考虑如下情况：用投资组合总资金 25000 美元中 2.5%的资金投资于外汇市场，年末收益假设达到 3000 美元，这相当于投资组合盈利 12%。这一相对保守的收益水平可以通过每月 10 天，每天 6 到 7 笔的利差隔夜交易或是其他各种短期交易。

　　对于外汇交易而言，时机就是一切。或许你有一个空闲的晚上并且市场在缓慢上升，那么这将是你研究市场并下单交易的好时机。当然交易者并不会因为认为时间过于紧迫或是下周行情可能会更好而受罚，但关键是要了解完成好的交易需要花费什么，并等待最佳时机的到来。

　　如果享受过程的重要程度高于获得利润，那么你可以将大部分资金投资于安全性较高的产品，风险资产比例下降可以减小交易者的压力。大部分资产风险较小的情况下，外汇交易是交易者想尝试新的市场时可以选择的一个很好的投资领域。当投资于若干个市场时，外汇投资会更有趣。事实上，这是学习的捷径，你可以观察到某一货币对在其他市场，例如大宗商品市场、贵金属市场、股票市场以及债券市场变动时是如何相应变动的。

　　外汇交易的风险高于股票交易，而且你会感觉到外汇交易比其他高回报产品的交易，如期权等更令人兴奋。期权交易中需要更专业的知识以及更大的资金量，而外汇交易中对资金规模并没有限制很高的门槛，并且交易机制更为简单。

　　没有压力的情况下，交易者更可以享受外汇市场交易，在盈利的同时不必经历各种高风险高收益产品所带给交易者的担心与紧张。一个保守的、低风险的交易方式同样可以让交易者深入了解市场，并获取各种收益。

第4章 外汇交易及整体投资：外汇交易能否使交易者达到投资目标

不论账户余额的多少，交易者都能够在阅读央行网站，研究摘要以及报告，利用自己的基础面分析本领并谨慎下单后享受市场的起伏变化。盈利的交易都是值得庆贺的，不论交易规模是50美元还是500万美元。请放心，交易背后的原理都是相同的，成功的交易经历还会使交易者产生自豪感。关注最新的报告、新闻，在下单时分析近期市场走势以及长短线图，这会使你快速成为这个市场的专家。高风险账户与低风险账户的区别是低风险账户不会使投资者感受到巨大的压力。

许多"兼职"交易者都是在一天忙碌的工作后操作几笔低风险的交易以达到放松的目的。通过减少交易的时间，交易者可以减少参与到风险交易中的资金，进而减少亏损出现的频率。

交易者应根据自身情况改变交易的方式，减少风险，提高交易乐趣的水平，你会发现自己真正开始享受外汇交易，并把它作为业余爱好。如果你想尝试外汇交易，那么就保持兴趣并且减少它可能带给你的压力。如果某笔交易面临亏损的可能性，那么就及时平仓，如果外汇交易逐渐成为你的负担，那么就休息一段时间，不再关注市场变化。一两周或是一两个月后你就会做好再一次参与市场的准备了。

如果你是风险厌恶型交易者，那么市场表现温和的交易时段比较适合你。温和型交易与激进型交易遵循相同的原理与过程，只不过前者使用少量的资金，并且交易频率较低，收益相比于后者也将大打折扣，这是为获取较低的风险所支付的代价。

交易者需要为更高的安全性付出代价。就如同将资金投资于低风险的储蓄账户或是用于购买存款证，每月只能收到小额的利息一样，交易者需要为安全性支付成本。你放弃了高收益以获得低风险，这部分放弃的收益即为你为获得低风险所支付的成本。

外汇市场中温和型交易是低风险低收益型交易，温和型交易会为交易者带来令人愉悦的、低风险的交易经历。例如，在建仓为获得亚洲市场上升所带来的收益之后你可以尝试做多澳元/美元。你应该记住的是低风险交易以及高风险交易的基本交易理念都是相同的，只不过低风险交易中存

外汇交易入门

在对冲，交易的资金量小，并且市场活跃程度低。另外，舒适的交易环境更适合初入市场的交易者。尽管最终结果是较低的收益率，另一个结果却是可以让交易者在市场中保持活跃，因为许多交易者在外汇交易账户资金比较充足时才会交易。

同时，不要畏惧与在下单的同时改变策略。潜意识中你会把投入交易的资金归类为"已交易"账户，与剩下的资金隔绝开，同时给自己一定的时间思考每笔交易用多大的杠杆以及为降低风险所运作的风险管理的具体方式。专业外汇交易者在市场动荡时经常使用这个方法。这一方法同时适用于月末，因为在月末时本月的交易利润已经实现，交易者希望降低风险。

一旦你选择了低风险低收益型的交易方式，那么你并不需要为达到盈利目标而投入大量时间。事实上你只需要在每周一两日内的早上或晚上几个小时进行外汇市场操作就可以达到目标并称之为成功的一天。甚至你可以只在寻找到能为你带来盈利的最佳交易机会的时候进行交易。你可以利用更多的时间去研究市场，而非频繁地进行操作。

这种低风险低收益型的交易方式能很大程度上提高交易者时间上的灵活性。你可以正常处理日常事务，并在每日抽时间关心自己的头寸盈亏情况并研究市场动态，最后决定今天自己是否参与市场。尽管如此，如果某个上午你发现市场有某种趋势，并且是好的交易机会，只要你认为适当就可以迅速打开交易软件进行买卖操作。举例来说，你甚至可以在纽约证交所东部时间7：30开市前做多澳元/美元同时做空美元/瑞典克朗。设置账户在市场价格水平买入，在止盈点卖出，你可以开始自己一天的工作生活，同时程序会自动帮助你完成交易。

还有一种更好的方式，你可以每半个小时查询自己的盈亏状况，如果出现盈利，马上选择关闭所有头寸。通过每半个小时观察一次市场，你可以清楚地知道市场的运动方向对你有利还是不利。这一方法重点是你应该尽可能频繁地在盈利时平仓。

当你的鼠标在"关闭所有头寸"的选项处停留时，自然而然会产生一

第4章 外汇交易及整体投资：外汇交易能否使交易者达到投资目标

个疑问："我在这笔交易中获得足够的收益了吗？"答案永远是"是的！"若在这个时点平仓，你不会再产生亏损，这个原因就足够让你平仓了。

假设说你有5个未结头寸，其中只有两个浮动盈利。5个头寸的净盈亏显示你现在处于盈利状态。此时此刻你就需要点击"关闭所有头寸"并锁定盈利。

现在你已经开始要考虑风险因素了。降低风险的方法是进行对冲。成功的对冲意味着你有若干个未结头寸，净盈利水平比较低，但整体价值是上升的。在持有期内有些头寸处于亏损状态，但相对初始投资而言仍是盈利的。

因此，当你每30分钟查看一次头寸盈亏状况并且在某些时点动手关闭头寸时，你其实是设置了一个生物钟，以确保剩下的时间也继续保持持续关注市场的习惯。这个方法对你的时间进行了约束，并依靠发现盈利就平仓这一准则降低了交易的复杂程度。同样的，相比于每天结束时计算盈亏水平而言，每个月月末进行结算会使自己对盈利状况产生满足感，避免操作中时常怀疑"这样的盈利水平足够了吗？"

保守的交易通常意味着较低的风险水平以及较少的时间投入，较低的使用率意味着出现收益状况较差、亏损交易的可能性较小，出现获利交易的比例相对于市场中出现获利交易的比重而言较大。保守交易的账户可以一直保持着1%的收益水平，而通过长时间的积累也可以成为一笔不菲的收入。以低风险的交易策略获得1%到2%的盈利水平是很轻松的。将这一水平与股票市场年7%到10%的水平相比较，外汇交易是一个能够为你带来缓慢但却是平稳收益的市场。

为晚上或是早上的交易时段定下1%到3%的盈利目标，达到这一目标后就在剩余时间不再进行交易。这种利用业余时间进行交易的手段与保守型交易十分相似，研究市场，获取收益，然后正常过一天的生活。

在持续的交易过程中保持保守的态度可以使你保持盈利的交易多于亏损的交易。盈利水平或许比较低，但日积月累中收益仍是可观的，况且与此同时你的交易技巧也在上升。

总而言之，只要你每次进行小额的交易，充分分散风险，选择短线交易，并设置自动卖出的止盈点，那么你就可以对自己盈利交易多于亏损交易的预期抱有信心。通过每半个小时查看交易情况并在发现盈利时关闭所有头寸、锁定利润这一方法提升交易水平。1%的盈利与3%的盈利一样都是成功的交易。外汇交易就是通过一笔笔小额的收益累积成巨额的财富的，最终你会为财富积累的速度而感到惊讶。

尝试用"三分法"分开你的保证金。将目前的保证金等分为3份，然后再将其中一份等分为3份。最终的数字是你每笔交易所可以占用的保证金的上限。如果你没有其他分散投资组合风险的方法时，一个降低成本的好方法是分三次进入市场对统一货币对进行买卖操作。

举个例子，如果你做多新西兰元，同时做空美元，以在全球交易者风险情绪增加的同时获得收益，如果有信号表明市场风险情绪抬升，那么你将获得收益。信号有可能表现为欧洲主权债务危机情况好转或是中国经济超预期增长。

如果能够感知上述的增长，那么你就可以进入充满盈利交易的世界。你同样可以做多瑞典克朗，同时做空美或是欧元，也可以交易其他传统货币对，如做多挪威克朗或是做多澳元，同时做空美元或欧元。交易者可以在完成基本面分析与技术分析后从外汇市场提供的大量货币对中选择某些货币对进行交易。

假设你通过三个时点买入新西兰元/美元货币对。近期的报告显示做多这一货币对前景较好，所以你分三个时点，每隔30分钟或45分钟进行买入操作。但是，如果报告是早晨公布的，那么美国市场已经通过价格变动反映了这一信息。在午餐时间前不要参与外汇市场的交易，此时你可以以10分钟为间隔进行买入操作，这一缩短了的时间间隔因为下午3点至6点间市场的变动就比较小了。东部时间晚7点之后，悉尼市场、香港市场、东京市场便开始大量进行交易了。

将资金分成三份，每次交易时只以这三分之一部分的资金承担风险。除了这个三等份，我们还将参与交易的资金等分成3份，从而降成本平均

第 4 章 外汇交易及整体投资：外汇交易能否使交易者达到投资目标

化，尤其是在市场波动时这个方法更适用。对于成本平均法，如果某货币对价格下跌，那么同样的保证金你就会买入更多单位的此货币对。相应的，如果价格上升，你只能买入略少单位的货币对。这个方法同样是共同基金经理买入股票、债券等金融产品时所用的方法，不同的是，你只需要在几个小时内进行全部买入操作，而基金经理的买入操作一般会分布在几个月甚至是若干年内。

低风险外汇交易的一个典型例子

低风险交易的典型例子就是将投资组合中90%的资金用于安全性较高的债券的投资，剩余的10%用于投资外汇市场以追求较高的收益。投资于债券的90%的资金几乎是100%的安全（如投资组合仅包括评级在AA级及以上的债券，例如美国国库券、英国金边债券、德国政府债券等），剩余10%的资金投资于外汇市场可以利用杠杆放大收益。图4-2为德国政府债券，美国国库券以及美国标准普尔指数，显示了相对于由股票组成的投资组合而言，评价为AA的债券价值的稳定程度。

如果投资组合中外汇部分的杠杆率设定为50：1，每次投资金额为账户保证金的33%，并且每周仅交易一次，用100000美元的债券/外汇投资组合获得40000美元的收益是有可能的。这意味着收益率达到40%的情况下可以仅有10%的资金是有风险的。换句话说，每单位的风险有获得4单位收益的潜力。为了让你感受到这个数字为什么令人振奋——"40%债券60%股票"的投资组合的平均年收益率为7%，而且承担风险的资金占60%。这意味着每单位风险只产生0.11单位的回报（7%的收益率/60%的股票投资占比）。这种比较投资回报率与风险资产比例的方法被看作是简化的风险价值（VaR）计算方法。风险价值是大型对冲基金、投行等每日衡量交易头寸质量所使用的方法。

外汇交易入门

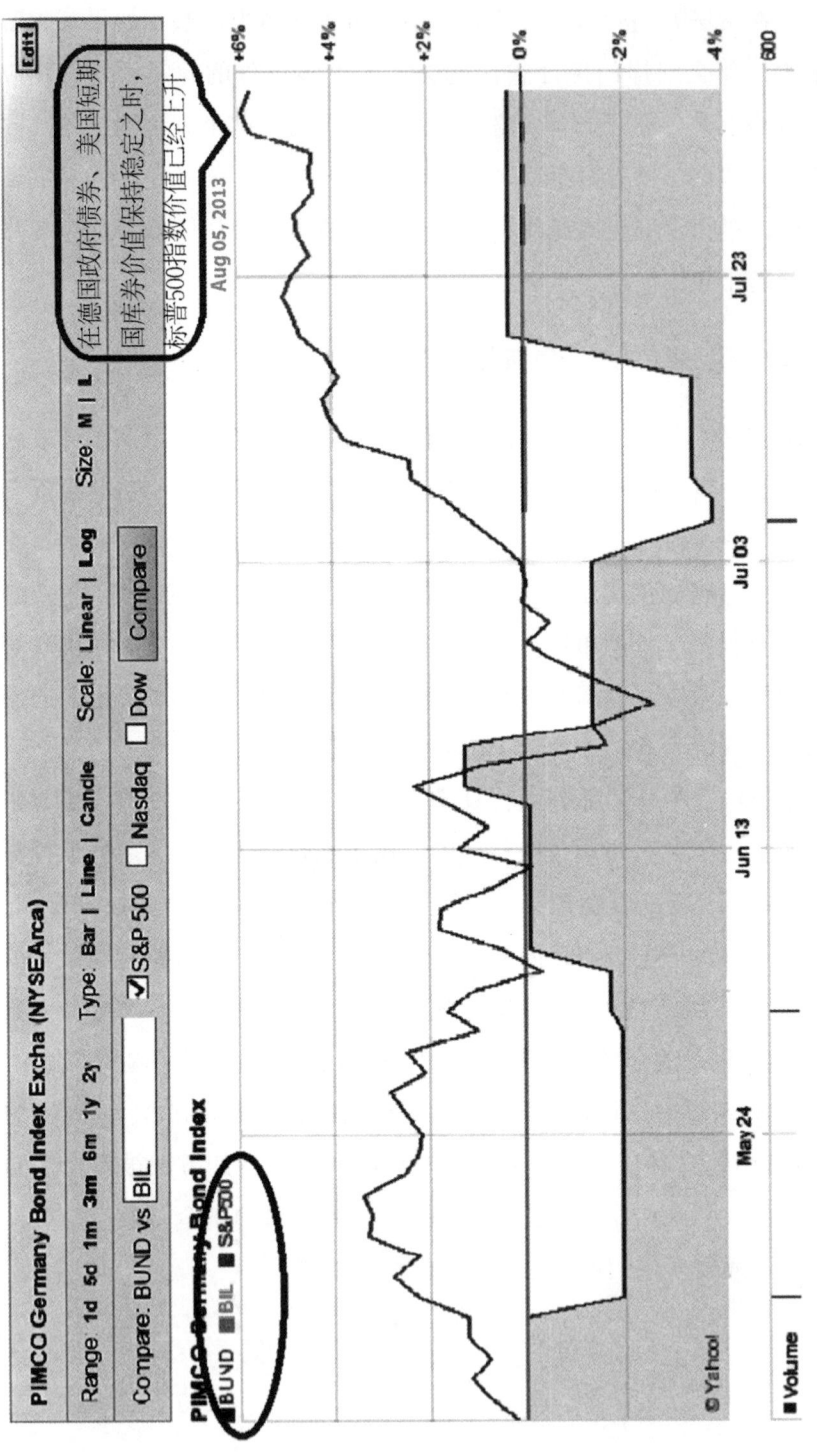

图4-2 德国政府债券、美国短期国库券及美国标普500指数

第 4 章 外汇交易及整体投资：外汇交易能否使交易者达到投资目标

高风险高收益交易方式

如果你认为自己的风险容忍度很高并且希望进行高风险高收益的交易，那么这里有一些你需要事先考虑的点。高风险高收益型的交易需要比较大的资金量，投入外汇交易的时间也会增加，并且用大量的杠杆进行交易时投资者必须具备一定的抗压能力。如果你希望通过高风险的交易获得高水平的投资回报，接下来你需要考虑的是什么类型的账户对你而言是适合的。如果你确实有大量的可投资资金，那么高风险的外汇交易账户是完全可行的，特别是在其他传统型金融资产，如股票及债券等向你提供一个比较稳定的收益的前提下。

在低风险金融资产的保障下，你可以很有自信地将一小部分资金投入高风险的外汇账户。如果你有足够的资金，你也可以选择更高的风险级别以获取相对于保守的投资组合而言更高的收益水平。你可以将投资组合中20%—25%的资金投入外汇市场，你可以更积极地进行操作并寻求更高级别的风险。

如果你和只接待私人客户的金融顾问进行一次谈话，那么他会告诉你应该分离一部分资金，这部分资金不进行风险交易。这部分资金往往放入另一个账户，对你而言就是放入其他的外汇交易账户。

当开立了另一个账户之后，你就可以在外汇市场中放心大胆地进行交易了。使用高风险账户意味着你需要冒更大的风险，因此账户资金量大是很重要的，原因是你需要大的资金量来支撑你在巨大的市场波动中进行交易，使你可以因为这一高风险级别获得高的收益，而非在还未进入浮动盈利状态时面临爆仓的风险。并不是所有的交易都会盈利，但大额的账户意味着账户中有 10%—15%的资金在就可以支撑激进型的交易策略。如果交易处于亏损状态，剩余的85%—90%的资金可以避免你接到催交保证金通知。这部分剩余的保证金也可以支撑头寸较长的持有期，这意味着你可以

外汇交易入门

一直等到交易上升到盈利区间内或是盈亏平衡点处再平仓。

高风险高收益型交易在预期收益率很高的同时也会增加交易者的压力。为了使外汇交易尽可能获利，你要随时保持警觉并在交易时十分专心。如果在每个交易日都进行刷单操作，你可能会很快感受到外汇交易所带来的压力。

高风险型交易确实让交易者感到压力重重，因为在获得更高利润的同时交易者还可能会面临巨大的损失，另外，如果你每天花费很长时间频繁进行买卖操作时，很有可能不小心出错。每笔交易都是将自己的资金置于风险下，举例来说，如果你每天使用6到8个小时，每小时进行三次刷单交易，那么你分18到24次将自己25%—33%的资金置于风险下。这会带来很大的压力，同时也会带来刺激感！

问问自己可操作的资金有多少。如果你有50000美元的可投资资金，那么你需要按这个金额分配各个投资领域的资金。或许你还有个网上经纪账户用于保证金交易，这种情况下你可以以500美元或1000美元进行每笔交易。经纪账户的50000美元与外汇交易账户的500000美元并不能一概而论，因为外汇交易账户可选择的杠杆率更高。每天的刷单交易会给交易者带来很大的压力，尤其是若干天都没有出现盈利交易或是有一笔交易一直处于亏损状态，没有回升趋势的情况。

这些情况可能都会让你怀疑自己是否应该如此激进地进行买卖操作，或是你是否应该彻底放弃外汇交易转而投资于其他比较安全的金融市场。如果你开始出现上述疑虑，不要绝望！如果某段时间外汇市场对你而言有些过于激烈，那么可以暂时停止交易。利用接下来的一周或是剩余的整个季度的时间好好休息，特别是你觉得自己没有掌握外汇交易技巧时。这种全身心的交易模式会让你疲惫，不论是身体上还是精神上。压力带来的紧张感在身体上表现为僵硬的肩膀或是颈部，精神上可能会表现为容易因为一些小事与家人或朋友发生冲突。专业的外汇交易人员缓解压力的方法是热衷于运动。他们可能会通过拳击、跑步、游泳等运动方式释放交易所带来的压力。

第4章 外汇交易及整体投资：外汇交易能否使交易者达到投资目标

如果你开始体会到这种心理以及身体上的压力前兆，这将是一个预警信号，提示你交易可能有些过度。外汇交易最初可能会充满乐趣，但如果朋友或家人提到近期你的行为有些变化，那么你就应该休息一下了。

外汇交易可以使交易者在获得收益的同时体会趣味。如果长时间内你不再能体会其中的趣味，无论是什么原因导致的，交易让你感受到了太多的压力。这可能会导致你交易的失误。你甚至可能潜意识希望交易失误，然后快速结束交易并退出市场。这种情况发生的可能性比你想象的要高，这也是在盈利并非难事的外汇市场为何有那么多人失败的原因。

一个导致交易过程不再那么有趣的原因可能是你期望的盈利水平太高。另一个可能是不习惯操作类似规模的保证金交易账户。看似操作10000美元，25000美元价值的交易很容易，但事实上这是很大量的资金。交易中你可能会不自主倾向于选择保守型的交易策略，开始问自己如果损失了怎么办。当你有这种感受的时候，可能你就需要中断一下交易了。

你应该提醒自己资金仍在账户中等待被利用。你可以留一部分资金在外汇交易账户中，另一部分转移至银行账户。旅行一段时间，给自己买份礼物，或是发展爬山、皮划艇、攀岩这样的体育爱好释放自己的压力。在暂时离开外汇交易的时间内你还可以回顾评价自己的交易策略，再次返回外汇市场时可以用全新的眼光与视野进行交易。

决定下来要进行外汇交易或许要比真正找时间进行买卖操作要简单很多。不论是谁并且不论职业是什么，所有人都是十分忙碌的，挤出时间进行学习、练习以及实践都并非是十分轻松的。这需要自制力、精力以及面对学习中的困难不放弃的顽强精神。如果你没有工作，待业中，或是大学生，亦或是全职家长，你可以利用自由空闲的时间研究市场。记住如果外汇交易很简单，那么谁都可以参与进去。

如果你的目标是构建高风险高收益型的投资组合，那么就需要安排更多的时间进行交易。好消息是即使是全职员工也能挤出时间研究市场并参与交易。或许你需要成为夜猫子，利用晚上的时间进行刷单交易，在夜间电视节目时段下几笔大单。有些人会觉得早晨的交易时段比较适合自己，

外汇交易入门

例如一天工作开始之前的时间或是孩子起床前的时间。想一想海军们你就能了解了，他们在早上6点前完成的事情比有些人一天完成的事情还要多。记住不论你现在的责任是什么，你需要留出时间专心于外汇交易。

虽然每周实际参与外汇交易的时间可能只有2、3个小时，但其实短时间内进行交易是很利于交易者的，你一定会为自己所学习到的新内容感到新鲜以及兴奋。这个方法适合于"几乎正常生活的人"，意思就是你可以正常工作，正常照顾家庭，照顾孩子并整理家务，除此之外还有剩余时间。所以说在正常的家庭和谐生活中做一个激进型的外汇交易者完全是有可能的。

交易者计划利用没有进行交易或是没有在寻找交易机会的时间安排自己的交易日程。但外汇交易会以其他形式占据你的时间。本来准备观看一段可爱小猫的视频，但结果你却点开了外汇的新闻网站，关注最新的市场消息。或是在健身房锻炼时用手机即时收听今日的报告。如果你对外汇交易十分投入，你会将电脑主页设置为CNBC.com，在手机上下载查阅市场行情的应用软件，并订阅各种关于外汇市场重大事件的报道。

制定适合于自己的交易日程表。如果你知道自己在周一至周五早上9点至下午5点间都没有空闲时间，那么这些时段就只挤出时间来研究市场。将平常外出吃午饭的时间分出一部分用于阅读报告以及寻找在晚上进行市场交易时可能出现的好的交易机会。

研究市场需要花费大量时间，尤其是在最初你还无法区分美元符号与加拿大元符号时。最重要的是不断地学习，因为你的目标是掌握这项技能并能抓住好的交易机会。想象一份水果沙拉，你知道西红柿被归类为水果，但它却不会在水果沙拉中出现。知道不把西红柿放入水果沙拉就是智慧。有许多全球交易市场、经济、政治以及外汇方面的消息是一回事，知道这些消息放在一起会如何影响市场，然后在特定时间框架下如何影响交易者自身头寸的价值，这是智慧。只有积累够足够的交易时间，有过许多成功以及失败的交易经历，知道自己下一步应该怎么走的交易者才能建立起足够的自信。你越有自信，你就会感受到越多的快乐、越少的压力以及

第4章 外汇交易及整体投资：外汇交易能否使交易者达到投资目标

更令人满意的市场交易情况。

制定时间表并按照计划运作在最初的时候是最难的。但坚持几周之后，几乎所有交易者都可以按照固定的时间模式研究市场，阅读报告，了解市场最新动态，因此当他们真的坐在电脑前开始交易时会觉得很享受，并且压力不大。另外，知识会不断融会贯通，经过一定的积累，交易者可以用更短的时间消化报告的内容，并且理解得更为透彻。

不论你是否频繁进行交易，计划部分时间用于研究市场，以免大量出现亏损交易。激进型交易策略可能会让你感到巨大的压力，所以将精力花费在自己最擅长的外汇投资领域上，重点关注某些货币对的市场信息以及走势。长期内交易者会发现这些时间是被有效利用的。

激进型交易

激进型交易意味着高收益，高风险，并且通过每个交易时段的频繁操作以达到每单都收获高利润的目的。相比于保守型的交易策略，激进型交易策略有更多的选择空间。

激进型交易意味着交易量大，而大量的交易可以成就你也可以伤害你。可以伤害你是因为每单交易你都将资金置于风险中。另一方面，你可以运用本书中所阐述的方法寻找盈利可能性大的交易机会，同时进行严格的风险管理以在市场行情不利于自己的时候尽可能减少损失。交易的次数越多，失误的次数也会越多。

交易频率越高越应该提前设计自己的交易计划。简单的数学可以告诉你，如果你每天交易6到10个小时，每小时进行5到6笔交易，那么亏损交易的数量可能会很多，你会感到深深的失望。想象驯马师拥有许多匹良马，每匹马都有获胜的潜力，但大部分马不会在同一天获胜，道理是一样的。

整体来看，不同交易者盈利交易与亏损交易的比例可能是相似的，但

外汇交易入门

资金量大的账户的亏损会更令人胆战心惊。记得结合盈利来看待自己的亏损，如果获得了巨额的盈利，那么你的净收益有可能仍是正的。缓慢但平稳的增长是很正常的。只要盈利多于亏损，你的交易方式就是正确的。

大额的亏损很容易让人心情糟糕，这种心态甚至导致更加不利的交易情况，产生更大的损失。因此你要时刻记得，如果你的交易规模很大，你可能损失得更多。相对的，你可能获得更大的收益。外汇市场行情可能会很好也可能会很差。保持盈利交易比损失交易多1%的记录也会让你处于行业的前列。

巨额的损失会导致不同的负面情绪或是产生疑虑。巨额损失不仅会从经济上影响交易者，也能从心理上影响交易者。然而，如果你频繁进行大额交易，那么你需要意识到出现巨额亏损的可能性更大。在激进型的交易策略中，如果上笔交易实现了很好的守一波，那么由本笔交易的巨额亏损所引起的负面情绪甚至可能被放大。

当你准备进行激进型的交易时，你需要一些激进型的交易策略。一些交易者依据市场风险偏好进行交易，一些交易高增长性小国的货币。同时一部分人交易准货币，如白银、黄金或是原油。你最需要的是可以使你获得更高水平盈利的交易。

许多交易者依据市场风险偏好交易，卖空高风险货币以获得低风险货币带来的收益。

有经验的交易者知道当全球市场的风险容忍度降低之后，参与者就开始纷纷抛售风险资产，例如股票以及高收益的货币，他们会转而投资债券或是其他安全性高的金融产品。发生大量减持是由于这些交易者接触到的是相同的市场信息，得出相同的结论，并采取行动保护自己的财富免遭损失。

如果交易者同时在一个大幅上升期的末端大量出售证券，国际市场可能会面临类似雪崩的场景。一些在最开始没有卖出的交易者也开始脱手以防止被套牢。美国市场在近几年中变得更加深不可测，巨幅的波动以及市场动荡创造了交易机会。

第4章 外汇交易及整体投资：外汇交易能否使交易者达到投资目标

尽管抛售证券大量出现在市场动荡的时期，但市场大幅上涨三四天后也会出现许多买单。举个例子来说，如果美国以及欧洲市场在过去三天内实现了3%—4%的上涨，许多人会认为他们已经在这笔上获得了足够的收益，因此会卖出平仓以锁定利润。

通过长时间的观察市场并记录交易经历，你可以预测什么时候会由于交易者的抛售而出现折点。比如市场上升3%—5%，可能就是市场转而下滑的信号。如果查阅到市场上升的新闻大量出现在报道中，媒体关注到了市场的上升，那就可以预测，市场可能会出现回调，交易者可能要大量抛售证券了。当市场消息已经成为新闻，比如在每天10点手机的消息提醒中出现，那么这个信息就是"旧信息"了，市场已经做出反应了。

在本地的新闻中发现之前股票市场曾有过超大幅的上涨会使你对股市交易蠢蠢欲动。而只有当人们的风险资产足够多的时候，比如他们开始卖空道琼斯工业平均指数、CAC40指数或是香港恒生指数时，你就可以通过事先卖出风险资产买入安全性较高的资产获利。相应的，如果市场连续几天下跌，并且出现新闻报道，那么这或许是个好时机买入风险资产同时卖出安全性较高的资产。

通过外汇交易卖空风险

另一个办法是查阅近期纳斯达克指数、标普500指数以及富时100指数的上涨情况。如果连续几日出现上升，那么你可以利用即将出现的市场风险厌恶情绪获利了。人们一般都希望市场可以一直上升，但专业的交易者会希望典型投资者将指数抬升得更高。然后专业交易者就知道什么时点平仓锁定收益。他们知道什么时候反向建仓，获得收益并平掉头寸。新手也应该遵循相同原则交易。了解市场的周期性后，交易者可以获得由市场大幅上升所引起的风险厌恶情绪带来的收益，可以抓住市场出现折点的机会。货币的价值与该国家的经济发展情况紧密相连，当市场预期某高增长国家的经济增速放缓或是下滑时，该股票货币价值会相对下降。

希望既保证外汇交易的安全性，同时又保持一定增长性的交易者最喜欢交易的货币对为做空瑞典克朗同时做多美元或是欧元。瑞典经济依靠向欧洲邻国出口工业品和消费品，因此做多欧元/瑞典克朗或是美元/瑞典克朗在股市行情下跌时会有良好收益。

当交易者开始抛售瑞典克朗，这会导致美元与欧元市场需求的增加。另外，在经济动荡的时期，美元及欧元会被当作避险货币，当打算做多美元/瑞典克朗时要把这一因素考虑在内。

另一种可能同步变化的货币对是欧元/瑞士法郎货币对。由于走势比较好预测，因此专业的交易者会在市场不明朗的时候选择交易该货币对，一般是做多瑞士法郎，做空欧元。只要有微弱的信号表明欧洲经济有可能进一步恶化，从欧洲地区向瑞士流入的资金就会进一步增加。导致这一现象发生的部分原因是，邻国如法国及比利时将瑞士法郎看作更为坚挺的货币。瑞士央行也被认为是世界上运行良好的银行系统，并且货币政策比较保守，这进一步推动了瑞士法郎价值的上升。

做空欧元/瑞士法郎可以使交易者在大量欧元（风险资产）兑换为瑞士法郎（避险资产）的过程中获得收益。同时做多美元与瑞士法郎，做空欧元及瑞典克朗会提升交易者利润水平，并一定程度上保证投资的安全性。

发展中国家货币

现在你已经知道了如何根据风险厌恶情绪的变化进行交易，即首先做多避险货币，然后在几天后平仓结利，那么现在是时候尝试交易发展中国家的货币了。交易发展中国家的货币有可能获得很高的收益，这些货币的利率通常较高，适合于进行利差交易。这些货币所处国家远离金融中心，因此当大国例如美国、英国、德国、日本的经济出现变化时此类货币价值受到的影响较小。

举例来说，通过交易获取美国与巴西由于增长率不同所带来的收益类

第 4 章 外汇交易及整体投资：外汇交易能否使交易者达到投资目标

似于澳元、美元间的利差交易。事实上你可以通过借入利率为 0.5% 的美元买入巴西里尔，获得 10% 甚至更多的利润。这类交易可以使交易者在获得套利交易中的利差收入同时，还可以获得该国家利率进一步上升所带来的更高的利差收入。巴西经济可能会持续上升，利率进一步上升，从而进一步拉大与美国的利率水平差异，交易者可以获得更大的利差收入。

观察你的经纪商优先推荐的货币对，在网上查阅一下货币符号并看看这些货币对中哪些适合进行交易。登陆这些货币所在国家的央行网站，查阅大量资料，看这些交易中哪些可以获利。券商研报是刚开始接触外汇市场的交易者们最好的敲门砖。

许多交易者也借入欧元买入波兰罗提，作为工业、农业大国，波兰的贸易伙伴主要是周边欧洲国家。在过去几年的时间里，波兰罗提相对于欧元增值 20%。波兰申请加入欧盟，相比于其他发展中国家货币，波兰罗提一直是经纪商乐于推荐适合投资的货币。波兰罗提在外汇交易中的表现、货币稳定性以及国家经济增长之间保持着良好的平衡，其加入欧盟的愿望会带来额外的好处。

第三个选择是做多捷克克朗，做空欧元。从历史数据来看，捷克央行通过提高利率成功地将通胀率保持在 2% 的水平左右。同时有些经纪商预测捷克将会实现货币政策的标准化（2008-2009 年经济危机之后开始推进）。同时，捷克政府财政赤字逐渐减少，这一情况外加其他一些因素使得交易者倾向于未来做空欧元同时做多捷克克朗。

同时你最好向经纪商请教进入市场的信号，比如价格水平。发展中国家货币的外汇交易一般是长线交易，所以最好等到确定的信号表明长期持有不会产生很严重问题时才应该买入。

黄金与白银作为货币

一个高风险高收益型的投资组合应该考虑白银与黄金市场的交易。这些贵金属以美元标价并在全球范围内以标准化重量进行交易。

许多外汇账户允许交易者以现货价格做多、做空黄金或白银。电子化的现货交易系统可以搭建起期货与金属实物的桥梁。

如果每笔交易规模大（黄金交易中1手＝100盎司，白银交易中1手＝1000盎司），那么利润也是十分可观的。有时候黄金可能相对美元升值1%—3%，在同一天带动白银相对美元升值3%—5%。

假设说你打算持有白银多头头寸，将投资组合中20%的资金用于做多白银，做空美元，在价值上升时分三次买入。白银在一年内可能上涨100%，如果杠杆率为50∶1，那么你一年的收入就会达到50000%，如果拟以10000美元投资于该市场，并只用20%的资金进行买入，那么年末你的账户余额将变为200000美元：＄10000×20%＝＄2000×50＝＄100000×2（上涨100%）＝＄200000。

虽然经纪商可能会将你的账户杠杆率设置为20∶1或50∶1，但许多经纪商在交易者买卖黄金及白银现货时会自动将杠杆率设置为1∶1的。所以记得在交易前与你的经纪商确认一下，不然会影响预估收益的准确性。

做多黄金/美元可以参照做多澳元/美元货币对，后者依靠澳元走强获利。同时做多黄金时可以以黄金为避险资产，在黄金/美元交易中，黄金类似于瑞士法郎在交易中起到避险资产的作用。如今随着黄金在金融市场中的地位逐步上升，交易者常做多黄金以作为对冲头寸。

黄金逐渐在金融市场占据一席之地有许多原因，例如市场的风险厌恶情绪以及美国及欧洲货币的超发。未来黄金与白银的地位可能还会上升，而黄金与白银价格也有可能进一步高涨，市场可能创造更高的收益水平。

虽然未来市场行情尚不明确，外汇账户中却不妨用一部分资金做多黄金及白银，同时做空美元。在信用货币制度下，黄金白银仍在可替代货币的考虑范围内。世界上主要的央行如俄国央行、欧洲央行以及美联储都持有黄金，将其作为纸质货币可能引起的通货膨胀或是货币贬值的对冲资产。查阅相关央行的网站，比较各央行不同的黄金持有比例。

世界上运行良好的央行非瑞士央行莫属（www.snb.ch/）。瑞士央行资产为2700亿瑞士法郎，其中黄金储备近500亿，外汇储备约为2000亿，保持黄金与外汇资产1∶5的比例。在刚过去的2013年中，韩国将黄金储

第4章 外汇交易及整体投资：外汇交易能否使交易者达到投资目标

备增加了20吨，价值约合10.3亿美元，并使黄金储备额相对于2012年提高了24%。

你也可以进行裸卖空交易，而重点是你需要在市场十分不活跃时进行买卖操作，比如东部时间晚6点到晚7点间，少量的下单操作就会对市场走势产生很大的影响。这个时间段内进入市场进行交易会成功。运用你的交易技巧及资金进行刷单或是隔夜交易，在短时间内提升投资组合的收益吧。

这种类型的交易的最佳操作时间是市场反转时，当亚洲市场降温时，观察标普500指数是否相应产生变化。留意亚洲市场下跌1%的时点，交易者可以在这个时点进入市场结束所有头寸。

将保证金等分成10份，你将这样操作：在接下来的两个小时中用账户中40%的资金进行4笔交易。这4笔交易都是按市价买入的，即交易者买入时的价格是买入时点的市场价格。两个小时后，市场将会变得十分火暴，位于香港市场、东京市场、悉尼市场的交易者会卖出风险导向的头寸，欧洲市场比较早开始交易的交易者也会产生相似的想法，美国交易伙伴吃完晚饭开始交易时也是同样的。

运用传统的做空方案，例如在股市收缩时投资于澳元/美元货币对，市场行情下滑时，交易者通常投资于该货币对以获得收益。交易者先使用保证金账户中十分之一的资金交易，然后开始等待，在接下来的半个小时内，货币对的价值会发生变化然后你会发现自己获得了利润。此时下单卖出，等待30分后再下另一单。现在你可以看出市场走势的端倪，可以根据5分钟图进一步确认，进入时点将明确标示在5分钟图上。另外你将观察到市场的进一步下跌，这将扩大你的收益，在东部时间晚8点前下最后四单。

裸卖空交易是外汇交易中激进型的交易手段之一，由于不设置止损止盈，因此风险更大。更高的风险将会带来更高的收益，但可能的损失也会大幅增加。

之所以称之为裸卖空交易是因为没有风险对冲，同样也没有止盈点。

外汇交易入门

你不设止盈点是因为你不知道市场会下跌多久，下跌的幅度有多大。有时候市场将大幅度地下滑，这类交易可以在若干天内连续盈利。

遇到这种情况时你可以离开电脑。关上电脑以及电视，不再关注新闻报道以及市场分析，出去散会儿步，吃个晚饭，喝杯咖啡，在晚上剩余的时间不再查阅新闻。在时机成熟时平掉头寸。同样，不要在早上登陆交易平台，而是通过 iPad 或手机程序观测澳元走势。

当你观测到澳元的大幅下跌之后，你就可以登陆交易平台看看自己获得了多少收益。这同样是平仓的好时机，计算出自己的利润，然后这一周就可以不用再交易了。

根据预期进行交易也是一种十分激进的交易方式。你将要承担很大的压力，使用所有的交易技巧、市场知识以及分析能力以保证自己可以获利。在新闻发布频率很快的交易日，许多交易者不再参与交易，有些只是持有先前的头寸，或是进行大量对冲操作。

你可以利用上述的情形建立自己的外汇头寸。当前一天的市场一片混乱并且标普期指跌幅超过 2.5% 时，你可以开始考虑市场价格是否做出了充分的反映。

技术分析可以使你了解合约是否被准确定价。这些信息将允许你基于预期进行交易。当决定在市场反弹时点进入市场时，找到波峰波谷是十分重要的。

市场经验以及长时间的观察可以帮助你预测澳元/美元货币对或是欧元/瑞典克朗货币对是否在经历了大幅下跌后仍会持续走低。一旦欧洲市场一段时间未见好转时，许多交易者将会开始抛售或是开始在低位买进。大量的交易者买进会使该市场停止下滑，形成波谷，并开始上升。

再次强调，时机就是一切。如果欧洲市场下跌，标普期指也有下降趋势，那么在东部时间早 6 点前，即纽约市场开盘前 1 小时前大量建仓。交易量最大的时刻是美国市场与欧洲市场交易时区重叠的时段。交易者也许会得出结论认为下一步做多一些在市场上比较活跃的货币，因为美国市场低开已经形成新的定价模式。

第4章 外汇交易及整体投资：外汇交易能否使交易者达到投资目标

你已经了解了在市场行情不好时如何根据预期进行交易。一般而言，外汇交易者会知道自己经常投资的子市场未来一周的价格走势。当央行或是其他来源预期会传出不好消息的时候市场行情将会下跌。在这种环境下交易需要谨慎，运用估算预测、技术分析图以及市场分析能力你可以持有时间较长、风险较高的交易，在市场反弹时获得巨大收益。

建立外汇交易信心

新手可能会试探性地进入市场，开始时整体观测市场，然后观察技术分析、基本面分析是如何共同确定交易机会的。下一步就是在用真实资金交易之前利用模拟账户或是练习账户操作交易了。在书中体验到的与在实际交易中体验到的感觉是不同的。

不论是真实的交易还是虚拟的交易，交易者必须有信心。但是获得这种自信意味着必须进行亲身的实践，就像用真实资金进行交易开始时会很困难，也许开始时会面临损失，但这会让你学习到经验教训。

用真实资金进行交易可以让人瞬间精神抖擞。知道自己与众多海内外的交易者一同参与市场并且获得利润能使自己的世界看起来更美好。许多人在刚开始交易时都不知道自己可以在这条路上走这么远，其实即使是一些小的成功的交易也可以帮助你走得更远。

你必须拥有大量的资金才可能学会外汇交易，这一说法是完全错误的。恰恰相反，外汇交易中很少量的资金就可以获得很大的收益。外汇账户中有30美元就可以享受建立对冲外汇交易的过程。外汇交易商ONADA允许外汇交易账户中很少的资金以及每笔很小的规模，帮助你利用最少的资金快速提升交易能力。

相比于其他的专项投资资金，外汇投资领域的资金风险仍比较大。这些资金更需要被谨慎操作。你需要当作是操作资金量很大的交易一般，以激进型交易方式提高利润率。另外，你也可以按照高风险高收益型的各种交易策略操作余额仅为 30 美元的账户，这样依旧会产生很高的收益。

尝试结合两种方法交易货币对。基于外汇风险情绪交易并选择经济增速快的国家的货币，这可以使你获得更好的收益率的同时增加交易中的乐趣。关键是密切地关注盈利率。假设你将储蓄账户中 20 美元存入外汇账户中，在晚上操作了几笔交易，你会快速发现什么样的交易技巧在激进型交易方式中最有效。早晨打开电脑发现产生了 0.75 美元的盈利。有些人可能会问："才不到一美元？"他们没看到的是你不仅仅是获得了收益，并且一个晚上就获得了 3.75% 的收益率，如果每晚都保持这一水平的收益率，那么一年下来收益率将超过 900%，还是在不考虑复利的情况下。

利用激进型的交易策略可以使你快速掌握交易技巧，并有机会以较小的资金规模创造一个良好的开端。永远要记得，关注自己的盈利率，而非盈利的绝对值。大量的资金会在未来等待着你，但你需要用小额账户学会基本的交易技巧。

过度自信

一个成功的学员是导师的噩梦。在早期轻松获得不菲收益的交易者容易过度自信。假设说新手交易者有很多笔成功的交易，这对于所有交易者而言都是可以大幅提升自信心的，更别说是对于刚刚进入市场的新手了。或许他们开始尝试对冲交易或是在其他更加复杂的交易中盈利了。但霉运总是在他们春风得意时到来，而且一定每个交易者都会有这样的经历。

所有交易者都不希望一笔交易将所有资金赔掉，如果他们以短线视角考虑这一问题，他们可以清醒地认识到存在的巨大风险。"但它看起来就像是块木头"羚羊总会在鳄鱼突然冒出水面将它们拖入水中时这样想。这就像是自信心水平过高的交易者将会经历的事情，当心那些木头！

如果你机智地进行交易，或是自身很幸运，那么木头可能不会使你输掉所有财富，但可能会给你敲响警钟。将第一次重大损失当作回归现实交易策略的踏脚石。没有一个交易者可以笃定地说自己的交易都是可以盈利的。事实上许多交易者都是在几笔成功的交易后突然面临一笔重大的损

第4章 外汇交易及整体投资：外汇交易能否使交易者达到投资目标

失。逐渐了解自己，明白自己终究是普通的人，与旁人无异。或者更好的是将每次交易都当作可能会遇见鳄鱼的交易，如果不跳过去你就会被吃掉，跳向另一条木头或是发现自己意识到情况时已经太晚了。找到自己的自信心水平，但同时也要考虑好应对措施。

当你骄傲地或是过度自信地认为自己所有的交易都是可以获利时，你需要意识到自己没有正确认识这个多变的市场，无论是不是明星级的交易者，所有人都无法准确预测市场的不稳定性以及复杂性。尊重市场的复杂性，一直遵循所学的技术分析、基本面分析。比较聪明的交易者会阅读交易商的研究报告，研究央行的网站。经验老到的交易者在市场信息较为复杂的时段选择外出度假。认真对待练习过程，你将收获到在国际市场进行交易所能为你带来的更好的利润水平，你甚至可能会依靠利润进行接下来的交易。无论如何都不要再像以前一样看待木头了。

那么，了解外汇交易是否能够使你达到自己的交易目标都需要什么呢？需要将自己的外汇交易方式与投资目标相匹配。如果你现在还没了解这些，接着阅读本书，这在后面的章节将会不断出现。

练习题

1. 两个交易目标是（　　）。
A. 长期收益以及短期收益
B. 长期目标以及短期目标
C. 长期利率以及短期利率
D. 利息收入以及资本增值

2. 了解自己风险容忍度最好的方法之一是（　　）。
A. 进行小测试
B. 询问交易商
C. 询问朋友们

外汇交易入门

D. 通过自己的投资历史观察自己的风险容忍度

3. 保持外汇交易有趣并且安全的最好的办法之一是（　　）。

A. 用大量资金交易

B. 利用借入的资金进行交易

C. 用少量的资金交易，并以自己愿意最多损失的资金量为上限

D. 上述都不对

4. 外汇交易可以被当作哪类交易的对冲交易（　　）。

A. 股票交易

B. 债券交易

C. 共同基金交易

D. 细价股交易

E. 上述所有

5. 限制外汇交易的数量以及每笔交易的规模有利于（　　）。

A. 降低外汇交易的风险水平

B. 提升外汇交易的风险水平

C. 保持外汇风险水平处于平衡状态

D. 这一调整对交易风险水平没有影响

6. 一个著名的投资组合是90%的____和10%的____（　　）。

A. 股票、债券

B. 股票、共同基金

C. 共同基金、现金

D. 债券、外汇

7. 即使采用高风险、频繁操作的激进型交易方式，最好保持外汇交易（　　）。

A. 按照日程安排进行

B. 在风险承受范围内

C. 只使用可以掌控的保证金

D. 上述所有

第 4 章 外汇交易及整体投资：外汇交易能否使交易者达到投资目标

8. 当采取激进型的交易策略时（　　）。

   A. 交易的数量将会上升

   B. 成功交易的数量将会上升

   C. 交易的数量将会下降

   D. 成功交易的数量将会下降

   E. A 和 B

   F. A 和 D

9. 依据____交易是获得可预期收益的很好的方法之一（　　）。

   A. 市场波动性

   B. 好的感觉

   C. 坏的感觉

   D. 市场风险情绪

   E. 上述所有

10. 市场风险情绪的信号之一是（　　）。

    A. 市场走强的预期

    B. 市场走弱的预期

    C. 市场指数的涨幅

    D. 市场指数的跌幅

    E. 上述所有

    F. C 和 D

第 5 章　外汇交易的更多技巧

在本章中，你将了解到：

- 如何在外汇交易中做到分散化投资
- 找到盈利交易的最佳方法
- 外汇交易中如何持仓
- 如何根据长期趋势操作外汇交易

第 5 章 外汇交易的更多技巧

低风险可以从不同角度优化你的投资组合，包括分散风险，什么时间平仓，什么时候利用盈利继续建仓。外汇交易成功的关键是每天或是每周都有资金从账户中的收益变为自己口袋中的钱。

投资分散化是至关重要的

当把风险控制在低位时，考虑你所用的三分之一的保证金所适合的分散化程度。使用保证金中的三分之一，比如说你可以将这三分之一的资金再分为三份分别投资于不同的货币对。

图 5-1 比较了欧元/美元、美元/瑞典克朗、加拿大元/美元以及澳元/美元的波动情况。外汇交易中分散化投资是至关重要的，因为在一年时间周期下货币相对于美元的走势都是不同的。

我们用交易实例来说明这一问题。假设你在某日作为新手进入市场，并在外汇账户中存入 225 美元。尽管这看起来是个比较少的金额，但通过三次经过深思熟虑的交易你就可以获得高利润，帮助你在这一过程中积累经验，并且学会如何用 iPad 或是手机平仓。

接下来，快速浏览当日的新闻，来自欧洲的一则消息表明欧洲国家货币以及其他货币的风险水平即将下降。来自券商研报证实了这一点并且透露全球的交易者都在抛售股票，导致美国及欧洲股票市场有下行压力。

现在你就会有初步的计划了，你将会以低价买入其他交易者纷纷抛售的风险资产，利用三分之一的保证金，分三次进行分散化的交易。你将会获得由即将到来的市场反弹所带给你的收益，这些交易通过跨行业分散了风险。

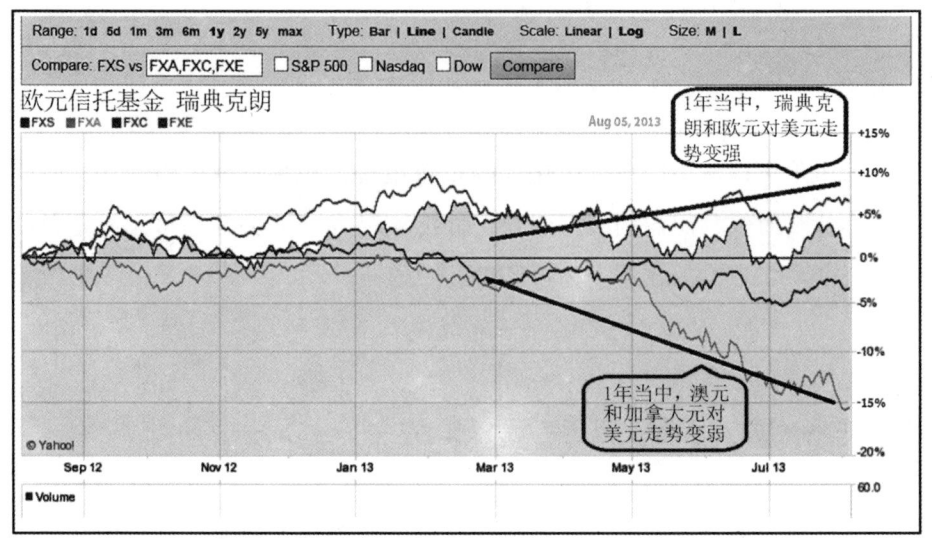

图 5-1 货币对比较

在这个例子中,第一笔交易中你可以在 9.2216 上做空 133 单位欧元/瑞典克朗,这是由于欧元在利空消息的影响下价值相对美元下跌,并且瑞典克朗对风险偏好的变动十分敏感,因此当利好消息出现时瑞典克朗相对于欧元有可能大涨。

第二笔交易中,在 5.67152 上做空 133 单位美元/挪威克朗,由于挪威克朗的价值与挪威原油的出口情况紧密相关,而且这是一种一直表现良好的货币,最近原油又与风险情绪关系紧密。交易者将原油生产国例如挪威、加拿大的经济增速看作原油价格与需求状况的结果。

许多外汇交易者交易的货币与大宗商品的价格相关。经济体与商品消费情况间的联系通常被交易者进行首要的分析。当一个国家的经济在增长,那么这个国家就会消费更多的商品,同时会推进大宗商品的生产国经济的发展,进而提升这些国家货币的价值。

认为世界经济开始缩水或是增速放缓的交易者会默默观察原油价格的跌幅是否与经济衰退的步调一致。这就是你做多挪威克朗的原因,因为在未来交易者预期原油价格上升时你将会获得收益。

第5章 外汇交易的更多技巧

最后一单是做多澳元，做空美元，你或许会发现由于市场的负面情绪，澳元/美元经历着缓慢的下跌，在1.02359上最多100单位澳元/美元货币对。当交易者预期亚洲发展中国家，尤其是中国的经济飞速发展时，该笔交易的价值会迅速上升。这是由于澳元价值与澳大利亚的出口紧密相连，澳大利亚的产品出口主要是发展中国家工业化建设过程中所需要的各种原材料，比如铁矿石、镍矿以及其他工业原料。同时，澳大利亚的金银矿业也获利于亚洲发展中国家如中国、印度经济的快速发展时期。这是由于"财富效应"：发展中国家经济发展状况良好时居民会获得更多的财富，他们倾向于用这些财富购买金、银等贵金属。因此这种情况下国际市场对澳大利亚的金、银需求就会增加。

回到之前的交易实例中，现在你使用三分之一的保证金建立三个头寸，剩余的三分之二的保证金用于防止交易损失时的强制平仓，保有这三分之二是十分重要的，这部分资金保证了你在处于浮动亏损时仍可以继续交易，有机会等到盈利带来，而非被催缴保证金。回顾你的交易，做好详细的记录，然后关上电脑。

分解一笔获利交易的过程

不再时时关注自己的交易情况最初的确很难，但一直看着电脑上市场剧烈的变动只会增加你的血压与压力。对自己直接控制以外的事物感到焦虑是很正常的，尝试着忽略这种感觉也是很有挑战性的，就像是身体某个部位痒却不能挠。假设说你已经能够做得很好，能够整晚都不坐在电脑前，早上也可以正常做日常事务，健身之后，端杯咖啡，随手查阅一下CNBC，哦！市场没有下跌，仔细一看，还上升了一点。

现在是时候挠一下痒了，可以打开电脑或是iPad或是手机上外汇交易商的应用软件（应用软件十分便利，你可以随时关注交易的情况，也可以进行买卖操作）。软件并不展示交易平台上所有的内容，只是主要部分

——交易者的净收益情况。这是交易者最关心的内容。在我们的例子中——并且市场很容易出现这种收益水平——余额显示账户盈利42.10美元,相当于225美元获得了18%的收益,这算是一个很好的收益水平了。

现在你可以通过应用软件进入买卖指令的界面平仓了,关闭三个头寸,并查询每笔交易情况。在本例中,你在5.58817的价位平掉美元/挪威克朗空头,在9.16278的价位平掉欧元/瑞典克朗空头,在1.03202的价位平掉澳元/美元多头。恭喜你,账户余额由225美元升至262.10美元。记住这一盈利,然后离开交易平台,继续做日常事务。知道盈利后在什么时间离开交易平台就像是最初知道如何才能抓住可以盈利的交易机会是一样重要的。你在不到一天的时间内实现了18%的盈利,比较存款年2%—4%的利率或是股票市场年7%—10%的收益水平,这种盈利水平是很高的!同时,由于盈利较大,交易者感知价值将会大幅上升,这些都阻碍了交易者在短时间内重新开始新一轮的交易。

相比于利用获取的收益马上再次进行交易,你应该做的是,过一段时间之后仔细回顾这笔交易的过程。拿起交易记录,仔细阅读笔记已获得一些宝贵经验。你也许会问自己,"为什么挪威克朗与瑞典克朗的价值变动相比于澳元/美元货币对的变动会如此之大?"查阅券商研报你会发现当你睡觉时新闻公布了中国统计数据,数据显示中国对原材料的消费要低于预期水平,由于澳大利亚是主要向中国出口原材料的国家,因此,澳大利亚出口的原材料的速率降低。

你现在知道答案了,记得将这些内容记录在自己的交易日志中,方便以后查阅,并主动关注澳元/美元货币对。交易商的报告甚至建议在平价,即1∶1时做多澳元/美元货币对,并且该货币对升至1.045以上是十分艰难的。所以在短期内考虑在这个价位买入澳元。这笔交易仍是盈利的,只是由于夜晚发布的利空消息这一偶然事件使其价值上升的步伐放缓了。

现在就是使用手机应用软件的好时机,应用软件允许交易者不在家或是不在办公室的时间里仍能关注交易情况。这些设备十分便捷,并足够在进行了一天的交易后替代电脑进行买卖操作。事实上关上电脑休息一下可

第 5 章 外汇交易的更多技巧

以使你更敏捷地发现交易机会,特别是在你有过度交易倾向之后。

使收益滚动起来

更新你的交易日志之后,你将要决定怎样使用利润。上笔交易中已经涉及了美国、欧洲以及亚洲市场,那么这个下午就应该在其他市场赚取利润。再阅读一遍交易商的分析报告,你看到一条关于英镑/美元的信息,信息显示了英国较高的通胀率,经济商建议在低于 1.60 的价位做多英镑/美元。

图 5-2 显示了英镑/美元价值的快速上升,并在英镑第一轮大幅上涨后稳定在某一区间内。

当你转而观察一小时图,你会发现英镑并未像瑞典克朗、挪威克朗或是澳元一样大幅升值,然后你在 1.587 的价位上做多该货币对。

你将再一次将保证金分成三份,并每次使用三分之一买入货币对。第一单买入 1500 单位英镑/美元,然后关闭交易界面做其他事情。45 分钟以后查看交易情况,发现货币对价值下跌,你损失了 3 美元。

你需要意识到现在只是中午,市场还没有产生巨大的波动,你在这一时点使用另三分之一的资金买入。最后三分之一的资金选择借助平台自动操作。你计划在特定的价位买入,因此设置限价单,在价格达到这一水平时自动买入。这一方法好在你不需要一直盯着电脑等待这一价格的出现,交易平台会自动操作。你设置第三笔交易价位与第二笔交易价位的差额正好与第二笔交易价位与第一笔的交易价位差额相同。在设置限价单之前,设置止盈点为 1.63。这一价位将保证你获得较高的盈利,但市场上升到这一价位可能需要比较长的时间。将手机设置为有声的交易情况提醒,然后这就是今天的交易中所有要做的事情了。

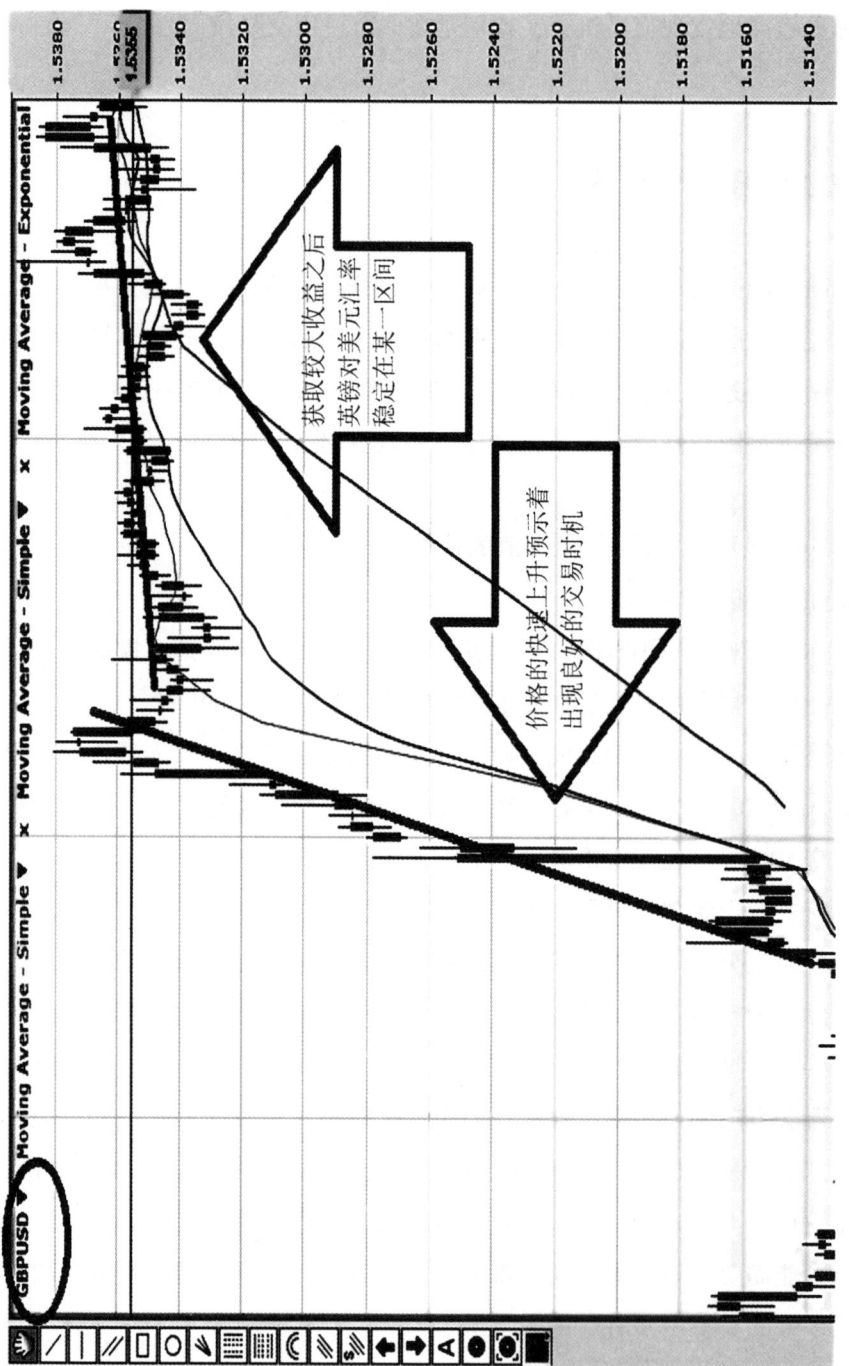

图5-2 英镑/美元汇率走势

第 5 章　外汇交易的更多技巧

第二天早上，你将孩子们都送到学校然后在听到手机或是 iPad 的铃声提醒后准备开始一天的工作。你可能会回忆一下才明白这声提醒是什么时候设置的，但当你开始浏览内容时，你就会意识到你还没有平仓。你的外汇交易平台会时刻记录市场变化，并在市场降至限价单所设定的价格时买入英镑/美元货币对。这声提醒就是告诉你已经进行了买入操作，同时你的手机或是 iPad 会展示价位以及买入了多少单位。

至此买入英镑/美元货币对已经完成，你完成了所计划的步骤，三笔交易之间的差额相同，并且滚动使用之前的交易所带来的利润。现在你已经准备就绪了！

利用模拟账户是熟悉如何设置止损止盈的最好方法，最开始预测货币对价值的浮动区间可能会比较困难，但你利用模拟账户练习的次数越多，在以后的真实交易中越觉得容易操作。

追求收益最大化/风险最小化

在上述的例子中，你的交易平稳进行着。同样规模的三笔交易，分散化以获取收益。平仓结利，并在达到 18% 的收益率后关电脑休息一下。接下来听取经纪商所给的建议投资于不同的货币组合。

在接下来几天的交易之后，你意识到自己需要休息几天。因此你设置限价单在特定价位自动买入英镑/美元。但晚饭后你又想起这笔交易，这时你将查看交易情况，并且每天这一时间段内市场活跃度比较低。尽管你将止盈点设置在 1.63 的价位上，但在周末前你会因为任何水平的收益而感到开心。你可以在周末前平掉所有头寸，取出所有现金。

但在我们的例子中，交易没有达到预期的收益，你所选择交易的货币对价值并没有发生任何变化。现在你需要决定：这一周已经快到周末了，我是在下周平仓还是这周就平仓将所有浮动盈亏变成安全的现金？

或许外汇市场以及股票市场没有变动是因为下周会发布关于美国经济的报告，或许股票市场经历了上升或是下跌，但交易者并没有参与。你仍需要决定是否平仓，你可以通过回顾自己的原交易计划做出决定。最初你看好做多英镑/美元，有可能你的看法是正确的，该货币对在未来几天会表现良好。在本例中，你知道该货币对经常升至1.63，因此你所设置的止盈点是合理的。

检查交易的质量以及交易背后的动因、逻辑是交易计划不可缺少的一部分。提醒自己交易成功的原因可以帮助你再次获得成功。

上述交易需要等到市场反弹后才能获利。也许盈亏平衡时你十分想平仓，回顾自己的交易笔记可以使你坚持下去等到1.63价位形成。耐心可以使你在抓住好的交易机会并谨慎下单后获得不菲的利润。这种理智的交易可以使交易者持续获利。

趋势交易

为发现交易机会，低风险低收益型的交易方式下需要交易者关注长期趋势。长期意味着外汇价格的变动比较缓慢，交易者需要在一段时间内持续建仓。这一过程可能要持续几周，每次只买入少量的货币对。

假设经纪商建议在低于1.60的价位做多英镑/美元，然而你知道英镑/美元可能在几周甚至几个月内都不会有较大的变动，但你仍可以使用两步法逐步买进英镑/美元。

首先，将账户余额一分为三，你将只使用三分之一的资金用于买入英镑/美元。以前的操作中你都是将这三分之一再等分为三份，但是这次你将把三分之一的资金再等分为六份，然后每间隔若干周进行一次买入操作。

类似于这样的长期交易时间长且数额小，所以无论你之前是有多频繁的交易，这种交易要求你至少间隔两三天才能下单。通过这样的方法你才能以更平稳也相对平均的价格买入。你所买进的英镑/美元的均价是在更长期限内的均价，持续的交易中价格差异较大。价格差越大表明以低价买入的机会越大，因为相对于持有期的长短，价格的变动区间更大。

第 5 章　外汇交易的更多技巧

做多英镑/美元的第二步也是最后一步是在几周甚至是几个月的时间内增加账户的金额。许多交易者认为账户资金量越大，交易起来越困难。一个消除这种感觉的方法就是每次用十八分之一的账户资金交易，同时逐步增加账户的资金。有些交易者设置存款每周向外汇账户自动划拨，例如在周五闭市之前自动划入 25 美元。

每次增加账户金额时，再将保证金分成三份，这个新的三分之一的金额是你未来即将在长期内做多英镑/美元的金额。当你在外汇账户中存入更多资金的同时，你将会把这部分资金也用于买入英镑/美元，创建一个通过未来 6 到 8 个月逐步买入英镑/美元货币对实现的移动目标。最终你的交易足够分散化并且对冲了风险，因为你是在上涨时逐步买入的。

玩转利率差

另一种低风险的交易策略是进行套利交易。如果你可以接受 6 个月甚至以上的交易持有期，套利交易将会十分适合你。首先你需要找到做空以及做多的两种货币组成货币对。做空货币需要你支付利率，所以最好找到一种利率低的货币，降低交易成本，例如美元、日元或是瑞士法郎。

找到低利率的货币之后，查阅什么货币支付高利率。以大宗商品为基础货币主要有澳元、新西兰元以及加拿大元。高收益型的货币还包括南非兰特以及挪威克朗。

记住交易要点是做多高利率货币，做空低利率货币。一边你需要支付做空货币（相当于借入的货币）的利息，另一边你会赚取做多货币（相当于借出的货币）更高利率带来的更多利息。交易者通常没能注意到利率差额所带来的利润，这是因为外汇交易通常只持续几分钟、几小时或是几天。

尽管你在进行套利交易，也不要认为自己一定需要保持很长的持有期。当获得盈利时可以立即平仓，即使你才刚持有这一套利交易还没有很长时间。套利交易也可能会为交易者带来资本增值，这种情况会在得到资本增值变得十分容易时出现。

当然，一般情况下套利交易需要较长的持有期，如果你愿意进行长期的投资那么这若干周或是若干月也会变得收益颇丰。当货币对价值上升或是下降时，你始终获得利率差所带来的收入，每天都在积累收益。换句话说，通过套利交易你可以快速积累财富。

通常交易者认为套利交易的风险水平较低，如果方向正确，那么可以在很长时间段内持有。获得的利率差有时可能达到5%，用保证金的三分之一参与交易，设置杠杆率为50：1，那么收益率可能会是账户余额的80%。假如说账户余额为1000美元，那么每年收益可能为800美元（如果利率差达到5%）。

将这种交易加入你的外汇交易策略中，你将在长期内增加账户的盈利水平，然而在这段时间内保持耐心是必不可少的。当你等待国际市场中价格下跌时，你是在等待股市利空消息的出现，市场下跌意味着你在低点买入。

市场修正

现在你已经花费很多时间建立了一个基础稳健、技术完美的头寸。剩下的就是耐心等待利润的到来。虽然频繁的短线交易策略会让交易者感觉良好，但真正大的利润还是会出现在长线交易中——做一个计划、坚持住并相信交易最终会获利。

一定要保证你将会长期持有这一头寸，直到获得高水平的收益。有时候可能其他的交易者纷纷投资于其他货币对，并且其他人所投资的货币对看起来前景很好。但这并不意味着另一艘船航行得顺利时你就应该跳到另一艘船上。有时候，其他货币对价值的上升都超过了你所投资的货币对，你的交易看起来没有盈利空间。就像结账的队伍一样，你觉得自己选错了队伍，一直都没能往前移动，前边买西葫芦的人一直在结账，队伍无法前进。有时候你选择了最短的队伍，但你前边结账的一家有5个小孩并且有

第 5 章　外汇交易的更多技巧

满满两个购物车的商品需要结账，所以你希望他没有优惠券而且不希望他试图在没有身份证明的情况下写私人支票。市场就是这么难以预测！

市场有平静的时候——这些时候没有什么大的事情发生——通常在节日期间。市场的上下波动，正像是杂货店的结账队伍一样，是不受我们控制的。只要你在深思熟虑后下单，你就不应该在进行一笔套利交易之后出现十分紧张的情绪。利用持有期的时间通过回顾自己的交易日志，并把专注点放在交易逻辑上，进而减少自己的焦虑情绪，确定自己做出了理智、正确的决策。

当你摆脱了焦虑的情绪，知道自己的交易是有机会盈利的，那么开始设置止盈止损点。将止盈点与当前价位的差距设置为止损点与当前价位差的三分之一水平上，这样你就可以经受得住相当于三倍盈利的亏损，基本上，自动的止盈止损会将你盈利的概率锁定在亏损的概率的三分之一。这样这笔交易是盈利的可能性是这笔交易最终亏损的可能性的三倍。

坚持做某件不能引起你兴趣的事是很困难的，除了外汇交易，获得一项新的爱好或是技能，你会发现即使交易的盈亏情况来回变动，你也会从其他方面享受外汇交易的过程。

或许因为希望通过止损止盈的设置让交易盈利的可能性是损失可能性的三倍使得这一想法看上去不合逻辑，但事实上这个观点是有意义的。这样设置止盈点止损点，损失情况下市场价格的变动幅度将是盈利情况下的三倍。但要记得的是，浮动盈利要在平仓之后才能变为真正的盈利。同样，浮动亏损也只在平仓后才会为你的账户带来真实的损失。

当发现自己交易的货币对价值完全没有变化，或是更糟糕的情况，已经开始下跌出现亏损，那么就是做决定的时候了，平仓还是等待。等待意味着希望市场修正，与货币对一样，市场也经常上下摇摆，一会儿导致盈利一会儿导致亏损。这通常发生在你没有坐在电脑前关注自己头寸盈亏时。这也是为什么设置止损止盈十分重要的原因，利用止损点止盈点可以帮助你避免市场大幅下滑所带来的巨大损失，并且可以在达到盈利时立即平仓锁定收益。

外汇自动交易系统

自动外汇交易是通过电脑程序处理每日外汇账户的买卖操作,这种交易系统应用最先进的神经网络人工智能系统分析外汇市场并自动进行交易。这一自动交易系统每秒进行许多次的数学以及统计测算,能力超越了最富有经验的外汇交易者。

开发者利用外汇自动交易系统同步分析技术指标,例如斐波那契回调线轴心点指示、容量比率、统计相关性分析以及波动率分析。

一旦建立了外汇自动交易系统并设置了参数,那么计算机就可以不依靠交易者自行开始操作,数据也会实时输入至系统中,系统可以持续分析数据,找寻交易机会。

程序设计的"赢率"

不同的自动交易系统都有着不同的风险水平。许多程序设计者设定了某一水平的"赢率"限制,即自动交易系统通过持续的分析数据,只对获利可能性在某一水平之上的交易下单。如果将赢率设置为95%,每月可以下单的数量会受限制,大约一个月只有20至50笔交易。

一些自动交易系统除了分析程序设计中设定来源的市场数据之外,交易者还可以根据需要加入自己得到的数据,以寻找交易机会。这种半定制的设计更适合外汇交易者。

昼夜不停的自动交易系统

不论自动交易系统是只交易一种货币对还是交易多种货币对,它们都是每周6天,每天24个小时不间断地分析数据,寻找交易机会。这意味着一旦安装自动交易系统,那么外汇交易的时段中系统将持续运作。这样,这些人工智能软件无时无刻不在寻找交易机会,提高交易量的峰值,活跃

第 5 章 外汇交易的更多技巧

市场。

有些系统会自动给交易者发邮件或是短信告知交易者交易系统在什么时点找到了交易机会并下单。当平仓时系统会给你发来第二封邮件或是短信告知你,并且会显示收益情况。

测试

为了确定外汇自动交易系统是否适应市场环境,系统将在产品研发阶段被测试。测试就是通过运行系统分析近几年的数据。在测试阶段,系统不足的部分将会被修正、优化,以便于更有效地寻找交易机会。经过在真实市场环境下的测试,系统可以准确地识别交易机会。其他的测试方法有实时数据测试,这种方法运用于第二测试阶段,进一步提高系统的功能。交易者最好使用经过严格测试并优化的自动交易系统,这样的系统更加稳定。另外系统的研发者还需要提供产品的升级服务。

自动交易系统的必要条件

许多自动交易系统在个人电脑、笔记本或是上网本上就可以运行。有些系统需要在微软操作系统下运行,与苹果系统不兼容。有些系统需要至少 512MB 或以上的可用内存,网速要达到 36.6KB/s 以上。大多数交易者不需要担心这些要求,现代计算机都可以满足这些要求。

这些自动交易系统可以很容易地安装到交易者现在使用的交易平台上,由于多数软件是基于 MT4 交易平台研发设计的,因此其他的交易平台在安装自动交易系统时可能会遇到困难。

半自动交易系统

除了全自动的外汇交易系统,有些公司还提供半自动的交易系统。这些半自动的交易系统也是基于实时数据运用相同的人工智能技术进行市场分析。

外汇自动交易系统在交易时完全不需要人为的操作,而半自动交易系统会在出现交易机会时以邮件、短信或是其他形式告知交易者。当通知发出去之后，是否下单就是交易者的决定了。

有些交易者认为半外汇自动交易系统更适合自己的需求，这种外汇交易系统的好处是可以使交易者同时参与多种货币对的交易（有些系统允许交易者选择 20 对货币对），而有些外汇自动交易系统只参与某一货币对的交易，如只能参与欧元/美元的交易。正如外汇自动交易系统一样，半自动交易系统会在止盈止损点的设置上以及平仓时点上给出建议。

自动交易系统只在一个时间框架下进行交易，而半自动交易系统可以在长期、中期、短期三个时间框架下来回切换，这样更便于寻找交易机会。

以数理为基础的交易方式，不受情绪因素影响

利用程序设计完善的自动交易系统可以为交易者带来巨大的盈利。这些系统都是基于数理逻辑进行编程，以在全面的市场分析中找寻最佳的交易机会，提升账户盈利的概率。运用自动交易系统进行交易可以免于情绪化因素的干扰，始终保持交易的理智。

那么，了解如何管理外汇投资组合都需要什么呢？你需要了解如何进行分散化的交易以及如何以每笔更小的金额进行买卖操作。如果你现在还没了解这些，接着阅读本书，这在后面的章节将会不断出现。

练习题

1. 外汇交易中一个关键的要素是保持外汇交易组合（　　）。

   A. 持续的交易

   B. 一直都进行高风险交易

   C. 持续关注头寸的收益情况

   D. 尽可能的分散化

第5章 外汇交易的更多技巧

2. 你可以如何分散化交易（　　）。

   A. 通过投资于不同的区域

   B. 通过投资于不同的经济区域

   C. 通过投资于不同的行业

   D. 通过投资于不同的大宗商品

3. 一旦有好的交易机会，你需要知道如何（　　）。

   A. 将一笔交易分解为若干次

   B. 在积累足够多盈利时平仓

   C. 在减少交易风险的情况下锁定盈利

   D. 立刻平仓

   E. A、B 和 C

4. 将一笔交易分解为若干次最好的方法之一是分三次卖出。（　　）

   A. 对

   B. 错

5. 应用软件可以使你时刻了解自己的交易状态。（　　）

   A. 对

   B. 错

6. 低风险交易需要寻找（　　）。

   A. 快速影响市场的新闻

   B. 慢速影响市场的新闻

   C. 快速的盈利

   D. 长期趋势

7. 趋势交易意味着你将关注货币对 3 至 6 个月后的价值。（　　）

   A. 对

   B. 错

8. 一个成熟的交易策略是做多高利率的货币并做空低利率货币。（　　）

   A. 对，这种交易策略被称为套利交易

   B. 对，这种交易策略被称为多/空交易

C. 对，这种交易策略是通过赚取利率差盈利

D. A 和 C

E. 上述都不对

9. 如果你打算在长期内进行套利交易，但做多的货币升值迅速，此时你也可以迅速卖出做多的货币，锁定利润。（　　）

A. 对

B. 错

10. 套利交易中交易者需要支付较低的利率，同时获得高利率国家带来的收益。（　　）

A. 对

B. 错

第 6 章　运用分析方法获得更多收益

在本章中，你将了解到：

- 什么是基本面分析
- 如何利用基本面分析进行交易
- 什么是技术分析
- 如何利用技术分析进行交易
- 如何通过市场分析寻找交易机会

第6章 运用分析方法获得更多收益

在进行第一笔外汇交易之前,你需要深刻了解外汇交易中的基础,即基本面分析。当你有了稳固的知识积累,你就可以开始独立查阅央行网站,将自己的研究结果与新闻以及券商研报相比较。

接下来你就可以结合这些知识与信息开始进行你的第一笔外汇交易了。

基本面分析的基本准则

外汇交易中的一个重要组成部分就是良好的研究工作。如果不能做到这一点,那么外汇交易对你而言只不过是在不知道交易好坏标准的情况下浪费钱的行为。也许一开始你会觉得很有趣,但你要记得你的目标是获取满足感与利润。这就是为何需要做好对货币对的研究。你同样需要认识到预测未来货币对价值行走的方向是十分重要的,并且了解经济指标,学习券商研报,浏览央行网站以及时刻关注新闻是很好的交易习惯。这些信息共同组成了基本面信息,研究这些信息被称为基本面分析。

一旦你完成基本面分析,你就可以在外汇交易平台上开始下单交易了。在没有完成基本面分析之前就开始交易,交易者面临的风险是很大的,这种情况下基本不会有好的结果出现,你会发现自己账户的资金瞬间消失,根本没有盈利的出现。

基本面分析可以被定义为回顾某国家的通胀率、经济增长率、经常账户的盈余或是赤字情况及其他信息的过程。必要时交易者还需要进行独立的经济研究以便于在收集央行网站信息、进行基本面分析后认清形势。

你现在已经了解了基本面分析对于外汇交易的重要性。通过长时间的

外汇交易入门

学习，你将会拥有全局观，在你浏览各国央行网站，如美国、匈牙利、瑞典、瑞士的央行网站之后就可以了解这些国家的经济情况，进而抓住大方向。你也可以通过浏览央行网站中的经济报告以及声明，通过提炼这些消息中隐藏的信息来了解这个国家的经济是否有上升前景。然后你可以将这些信息与你想要交易的另一国家的货币（货币对中的相对货币）相比较。一个例子可能会使你更加容易理解。

打比方说你想要交易瑞士法郎/匈牙利福林这一货币对，你可以首先通过阅读两国央行网站上的新闻以及寻找央行评价经济运行的词语，例如"过热"、"维持平稳态势"、"不景气"等来收集所需要的信息。关键词可以使交易者判断央行如何评价本国经济，例如是否认为经济增速过缓、过快或是平稳。如果你发现央行认为经济发展很快，那么这意味着未来该国利率将会上升。相应的，如果经济增速放缓，那么未来该国家的利率可能会下降。

为什么？这是因为多数国家会通过调整利率进而调节经济增速。如果经济增速放缓，央行将会降低利率以增加贷款，刺激投资，进而促进经济发展。对于发展过快的经济体，央行会通过增加利率降低贷款，这将降低经济增速。一旦搜集到了这些信息，你就可以进行接下来的一步了。你可以查阅券商研报，看经纪商是否也在报告中提到了这些信息，例如利率未来的走势将会发生变化，或是由于利率可能发生的变化所导致的市场情绪的变化。他们将是上升还是下降？

有些新闻服务也可以作为研究时的信息资源，例如 Daily FX，FX street。当你在查找相关信息时，不要忘记你还需要查找货币对中相对货币的信息。

如果该货币的利率将会上升，你还需要知道相对货币的利率是否会下降。有时你预测某货币的利率会相对于其他货币的利率产生变化，那么你就可以下单了。记住，如果市场认为利率（以及货币间的相对价值）会发生变化，外汇市场的参与者都将准备好进行交易，这些交易将推动货币对价值向市场预期方向发展。

第6章 运用分析方法获得更多收益

利用央行网站仅仅是学习利用基本面分析货币对价值的第一步，你感兴趣的货币对可能包括欧元/瑞士法郎、欧元/挪威克朗、欧元/瑞典克朗，或是其他任何外汇市场提供交易的货币对。确定了交易的货币对后，你可以浏览欧洲央行、挪威央行、瑞典央行、瑞士央行的网站以搜寻信息。这一过程不必着急，因为有海量的信息等待你浏览。逐渐了解各个央行的出版物以及经济学家，你也可以订阅新闻、研究报告等内容更新。

如果希望知道世界上所有的央行，那么你可以登录国际结算银行的网站，你将在这个网站上找到许多信息，例如世界各国央行间的资金流动以及各种报告，例如有关通胀的报告。

现在你已经通过各国央行的网站对各个国家的经济状况有了大致的了解，你可以为自己的外汇交易进行更深一步的信息挖掘了。你可以开始查阅一些反应现在以及未来经济状况的指标，了解这些信息的重要渠道是U.S. Economics 以及统计局网站，表6-1显示了一些其他公布经济指标的网站，这些网站可能能在你的交易过程中为你提供帮助。

需要注意的是，你可能会发现有些经济指标过于复杂难以理解，你需要将它们翻译成你能了解的形式，不要因为经济指标太多不知所措。

表 6-1　经济指标以及以美国为基础的经济信息网站

经济指标	网址
月度零售先期报告	http://www.census.gov/retail/
耐用品先期报告	http://www.census.gov/manufacturing/m3/
经常账户差额	http://www.bea.gov/newsreleases/international/
新屋销售	http://www.census.gov/const/
个人收入和支出	http://www.bea.gov/newsreleases/national/pi/
美国贸易差额	http://www.bea.gov/international/

外汇交易入门

　　持续关注价格的走势，同时交易者需要掌握表明经济运行状况处于上升、下降或是平稳的信息，在了解这些信息以及从央行网站上找到的信息之后，你就可以进一步预测利率的走向了。

　　经济指标通常被用作预测某国家未来经济状况，许多金融专家也同样使用这些指标，例如经济学家以及众多交易者（股票投资者、固定收益投资者以及外汇投资者）。指标变动轨迹与经济变动轨迹之间的关系并不相同，有些指标在总体经济活动发生波动之后才到达顶峰或谷底，这些指标被称为滞后指标，有些指标会反映未来经济会朝什么方向发展，这些指标被称为先行指标。从这些指标中你可以获取大量信息。任何时候你都可以将得到的信息与其他资源的信息相结合。例如你可以将从外汇信息网站上获取的信息与券商研报相结合。

　　如果你还没尝试这样做，你可以开始记录交易日志，将众多的信息资源记录在交易日志中。你可以记录新闻发布的时间，从什么地方找到这一信息，在什么时间获取的这一信息，以及在什么时间发现这一信息隐含的交易信号。正如你所见，基本面信息需要在长时间内才能建立起来，这是一个过程，但这些信息可以在长时间内使用。你也可以通过分析这些信息来预测中长期内货币价值的走向。

　　你的经纪商也曾很多次向你推荐某些货币对目前适合的交易价格以及中长期内适合交易的价格区间，其实经纪商所做的事情就是对某货币及其相对货币进行基础面分析，同时将分析结果进行比较。

　　举个简单的交易例子，例如交易者想要交易新西兰元/美元，投行的分析师为你准备了许多材料，其中包括新西兰央行所发布的关于新西兰经济运行状况的经济指标，你可以通过这些指标推测出利率的走势。分析师同样可以通过央行网站上的信息了解资金是流入本国还是流出本国，以及资金流动的统计数据。

　　除此之外，他可以将这些信息汇总在一起，然后将其与美联储网站的信息进行比较。这些信息将会同来自观测新西兰元/美元的技术分析指标所得到的信息一起用于确定该货币对当前价值水平——是应该做多、做空

第6章 运用分析方法获得更多收益

还是价位处于正常水平。然后他会预测利率差额会增大还是缩小。

一种情况是新西兰利率会增加,而美国的利率会保持平稳或是有所下降,这时分析师会给出做多的建议,这意味着你可以卖出美元同时买入新西兰元。当其他交易者做出同方向的交易时会推动新西兰元价值相对于美元价值上升,你可以平仓结利。

当外汇交易者预期新西兰元/美元的套利交易能为他们带来利差收入时,上述情况就会发生。因为交易者都在通过卖出低利率货币并买入高利率货币进行套利交易,这将提升国际市场上对新西兰元的需求,同时降低对美元的需求。

接下来高级分析师将会整合各种信息之后推荐新西兰元/美元的进入及退出时点,然后报告完成之后便发布给客户。

利率以及外汇交易

记住,利率在外汇交易中地位十分重要。你需要了解未来两国利率差额的变动方向,这样才可以成功获得利润。

通过自己对市场的把握,推断两国利率的变动方向,你可以自己决定什么样的交易可以获利,是应该做多还是做空。记住,如果你认为两种货币间的利率差将进一步扩大,那么你应该买入利率上升的国家的货币同时卖出利率不变或是下降的国家的货币。

在外汇交易中,可以通过两种方式获得利润。一种是通过买低卖高而获得的资本利得,一种是通过套利交易获得的利差收入,即通过卖出低利率国家的货币进而买入高利率国家的货币。

全球的交易者投资于套利交易的比例不断上升。当越来越多的人做多某货币对时,货币对的价值会进一步上升,直至交易者的交易无法维持这一增长水平。通常在某价位交易者纷纷开始抛售,这会使货币对价值迅速下降。

外汇交易入门

在这笔交易中,交易者会向借入的货币支付利息(大约年利率处于 0.25%—0.5%的区间内),同时将获得高利息收入(大约在 0.75%—7.5% 的区间内)。这样你就可以轻而易举地获得利差收入了。

假设你卖出美元,每年支付 0.75%的利息,然后借助卖出美元的资金买入新西兰元,每年收入 7.5%的利息。其间你将获得 6.5%的净利差收入。

你也可以设置交易的杠杆,可选择 10∶1 至 50∶1 不等的杠杆水平。如果你选择最高的杠杆率 50∶1,那么每年你将获得 325%的收益率(6.5%×50)。另外,多数外汇交易平台以日复利计算收益。

你可以用所获得的收益增加头寸规模,观察复利所带来的收益。另外,交易者需要时刻把握利率的变化方向,这样你可以尽早开始交易,在利率导致货币对价值发生变化时获得利润。在预测利率变化情况时,你还需要整合之前从经纪商、网站以及其他渠道获得的信息,事实证明这些信息也是十分有价值的。

其他交易者的观点可以被称为"街头的议论",包括来自新闻渠道,例如 CNBC 以及彭博等的观点及预期。这些消息资源将为你提供更多的信息用于判断利率走势,帮助你做交易决策。

央行通过三种方式调控本国货币价值。一种方式是将本国货币价值与国际上某种硬通货的价值相关联,这种方式被称为"钉住汇率制度",主要应用于部分拉丁美洲及亚洲国家。

钉住汇率制度是一种固定汇率制度,另外,实行钉住汇率制的国家的货币流通量以及经济增速也会受到被钉住国家的影响,这是由于本国的利率会受到被钉住国家利率影响的关系。例如,如果香港实行钉住美元的汇率政策,并且将汇率保持在 7∶1,那么 7 港币可以兑换 1 美元。如果欧元兑美元的汇率为 1.5,那么每 1 欧元可以兑换 1.5 美元。由于港币钉住美元,因此每欧元可以兑换 7×1.5=10.5 港币。利率也是如此,如果美国将利率降至 0.5%的水平以刺激经济发展,那么美元的价值将受到影响,由于实行钉住美元的汇率政策,港币的价值也将受到影响。而二者之间的相

第6章 运用分析方法获得更多收益

对价值不变。

现在我们来看一个有关中国的例子，人民币的汇率也受到美元的影响。换句话说，中国的汇率政策是钉住货币篮子，美元价值只在一定程度上影响人民币价值。一篮子货币中，美元占据固定比例，如果美元价值下跌，那么人民币价值参照美元下跌幅度以及货币篮子中美元所占比例下跌。

这一汇率制度十分适合中国，一部分原因是美元是世界上交易量最大的货币（根据世界清算银行统计，2010年美元占世界交易总额的62%）。另外，许多人认为这一制度如此适合中国是因为钉住汇率制通常导致较低的利率水平，这将在未来进一步提升中国在世界中的竞争力。

其他一些货币采取有管理的浮动制度。与美元及人民币间的关系不同，这些汇率制度使本国货币价值只朝有利于本国经济发展的方向变化。货币当局对外汇市场进行干预，这也被称为"干预浮动"或是"不纯浮动"。

第二种货币管理制度被称为"美元化制度"。这种制度下一国放弃货币的控制权，使用他国发行的货币。通常是使用强大的贸易合作伙伴国的货币或是长期维持经济稳定的国家的货币。例如荷兰加勒比海属地使用美元，库克群岛地区使用新西兰元，列支敦士登使用瑞士法郎。

美元化制度使这些经济体拥有稳定的货币交易环境，但却几乎完全损失了本国央行调控经济的手段。这些国家受制于其他国家的货币、利率、货币供给增量。但这种制度在小国运行状况良好。

第三种方式被称为浮动汇率制。这种汇率制度将在你外汇交易的过程中为你带来困扰。在了解这一汇率制度之前，我们先了解一下150年前金本位制的发展历史。金本位制于19世纪中期开始盛行，最早实行金本位制的国家是英国。这一制度用黄金来规定所发行货币代表的价值，每一货币单位都有法定的含金量，各国货币按其所含黄金的重量而形成一定的比价关系。

国家间可以使用金币在全球范围内进行各种交易活动。后来，金币仅用于财富的转移,并不再作为交换媒介。金币的种类有许多,例如德国马克、瑞士法郎、荷兰盾等等。尽管这些金币的含金量各不相同,但各国货币按其所含黄金的重量而形成一定的比价关系。例如荷兰盾含有0.1947盎司的黄金,瑞士法郎含有0.1867盎司的黄金,二者所含黄金成色相同,因此两种货币间的相互转换十分简单:1042瑞士法郎可以兑换1000荷兰盾。

在1944年,基于欧洲国家货币与美元的兑换率,各国承认美国制定的黄金官价为每盎司35美元(黄金纯度为99.5%)。

相比于金币在世界范围内流通,最好是将金币铸成每根重400盎司的金条,储存在各国的金库中。国家储存黄金,但可以按约定比率将黄金兑换为美元,这样在国际交易中使用美元进行结算。相比于世界范围内运输黄金,这一方式更为简单、方便。这样货币制度逐渐转变为以美元与黄金挂钩,其他国家货币与美元挂钩的体系。

这一货币体系被称为布雷顿森林体系,该体系是由二战后美国的债权国地位发展而来的。这一体系运转了一段时间,但由于美元面临特里芬难题,黄金持续流出美国国库,这一体系的缺点逐步凸显。由于黄金流出的速度过快,美国总统尼克松于1971年8月15日宣布美元不再与黄金挂钩,美元黄金不再以官价自由兑换。美联储黄金输出也就此停止。

自从尼克松宣布关闭黄金窗口,布雷顿森林体系瓦解,世界上主要货币的价值根据供需上下浮动,这一体系被称为浮动汇率体系。

这一货币体系认可浮动汇率的合法性,各国央行可以根据自身经济运行状况决定本国货币合理的价值水平,各国央行可对汇率实施干预制度。举例来说,澳元与新西兰元的汇率将由外汇市场以及两国间的货物及服务的需求决定。这一汇率决定方式也适用于欧洲、美国以及许多其他国家。

多数时候,市场因素,即市场力量(包括供需状况)是汇率的决定因素。有时候央行会在外汇市场间进行买卖操作以调整本国货币相对于贸易伙伴国货币的相对价值。瑞士央行从2010年至2011年一直在对本国货币价值进行干预。瑞士央行(SNB)利用本国国际储备在外汇市场上大量买入欧元,这样一来,瑞士法郎在国际市场上的供给增加。同时这导致外汇

第6章 运用分析方法获得更多收益

市场中欧元供给减少,欧元价值上升,而瑞士法郎的价值相对于欧元而言开始迅速贬值。最终结果是瑞士法郎相对于欧元价值下跌,汇率下跌。为使本国货币价值相对于欧元下跌,瑞士央行还使用了衍生协议。瑞士央行调整本国货币价值是由于欧洲部分国家,例如西班牙、希腊、爱尔兰等国主权债务危机不断深化所导致的欧元价值的迅速下跌。

外汇交易者在这种市场环境下选择交易价值稳定但收益率较低的货币,例如美元、日元,但发现这些货币并不能为他们带来预期收益。最终,瑞士法郎成了最佳的避险货币,有些报道甚至称瑞士法郎为"纸黄金"。虽然避险货币具有低风险的特征,但收益率也是相当低的,由低收益率货币会导致较低的市场价格这一常识就可以得出这一结论。除此之外,相对于价值较高同时收益率较高的货币,如果某货币的市场价格原本就处于低位,那么这些货币价值降低的空间也很有限。

在瑞士央行干预外汇市场期间,欧元/瑞士法郎货币对价值急速上升,这有利于瑞士。瑞士央行运用本国的外汇储备将瑞士法郎调整为更好操作的价格水平上。央行的调控措施在一段时间内起到了良好的效果,瑞士法郎的价值相对于欧元价值逐步下滑,但瑞士央行面临着巨大的压力,因此最后不得不放弃外汇市场的调控。

这一方法被称为市场干预。在某国央行进行市场干预时,由于该货币的价值走势变得难以预测,因此进行该货币的外汇交易是不明智的。如果有预测称某国央行将会进行市场干预,那么交易者就应该在交易中避开该国货币,在有准确消息称该国央行停止干预政策之后才可以对该国货币进行买卖。在浮动汇率制下,多数时间货币价值会随着市场波动而上下波动。这些波动的货币就是交易者在进行基本面分析,了解货币价值走势后希望交易的货币。

技术分析

技术分析可以被定义为通过技术分析图表预测市场价格变化的未来趋势。通过分析历史图表以及使用交易平台建立技术指标，对市场价格的运动进行分析，交易者可以进一步建立起完善的交易方式。

正如你之前所阅读到的，基本面分析包括观察图表以及市场交易指标，然后选择正确的时间进入市场。多数时候你是使用图表及交易指标寻找短期交易模式。

在进行了一段时间之后，你会开始决定在什么时间结束通过基本面分析建立的交易。

技术分析同样包括使用统计数据以及回归分析作为观测市场及头寸的另一方式，这需要通过观测市场及交易货币对的技术分析图进行。精通技术分析的交易者认为无论基本面如何，交易决策应该从图表中得出。有经验的交易者或是拥有证券从业资格证的交易者认为技术分析是基于三个基本的理论，见表6-2。

表6-2 三个基于技术分析的理论

理论名称	内容
从众效应	证券的价格运动是以趋势方式演变的
市场有效假设	能够影响某种证券价格的任何因素都反映在其证券的价格之中
均值回归理论	历史会重复出现

第一个理论认为，如果交易者相信某些交易者对市场的预测，那么他有可能放弃正确的交易思路，转而相信错误的思路，进而在外汇交易中面临损失。技术分析可以为交易者屏蔽市场杂音，使交易者认清交易方向以

第 6 章　运用分析方法获得更多收益

及交易时间。如果你正在通过图表进行技术分析，你或许希望获得市场技术分析师资格证。为获得该资格证，交易者需要通过三门考试。

技术指标的基础知识

这一部分讨论了有关技术指标的基础知识。在交易时运用技术分析可以使交易更加理性，更少受情绪因素影响。继续阅读本书，了解与技术分析与技术指标相关的基础知识。

支撑位与阻力位基础知识

金融市场产品的价格基于买者与卖者，即供给与需求的相对变化而改变。当市场价格处于供求均衡状态时，市场处于支撑位或阻力位。当市场中进入更多的卖者时，货币对价格会下跌，相反的，如果市场进入更多的买者，那么货币对价格会上升。

然而市场还存在第三种情况，即市场价格保持不变，这一现象被称为价格盘整。尽管造成盘整的原因不尽相同，但这并不影响交易者在这种市场行情中获取收益。交易者只需要进一步分析接下来的市场状况：这一趋势将会持续还是反转。这被称为支撑位以及阻力位，支撑位意味着未来价格会逐步上升，而阻力位意味着未来价格会逐步下跌。

由于支撑位与阻力位可以互换，所以他们被统称为技术位。

主动型支撑与阻力位、被动型支撑与阻力位

你可以通过分析支撑位与阻力位来提高交易的获利能力。支撑与阻力又分为主动型和被动型。

主动型支撑与阻力位又被称为预测位，因为这一价格水平还未达到。交易者根据目前的价格水平以及技术分析预测将来的价位水平。你可能听说过一些使用主动型支撑与阻力位的方法，你将在本章节后续内容中做进

外汇交易入门

一步的了解。

与之相对的是被动型支撑与阻力位，由于价格或是交易量的变动已经形成，这些阻力与支撑位可能表现为期初平衡、高低开盘收盘、波段高点及波段低点、成交分布。

什么时候使用技术位

我们最好再对技术位做认真的学习。技术位可以在交易各个方面为你提供帮助，包括在什么时间关闭全部或是部分交易。当技术位被突破时，你可以根据这一特殊行情选择建仓或是加仓。价位进入区间技术位可以帮助交易者决策新建仓还是保持现状。当价格位于区间以下，你可以选择买进，或者你在观察价格的反应后选择保持现状。当然在技术位前还有其他的交易选择。

使用技术分析进行外汇交易时，使用支撑位与阻力位是获利策略的基本。你应该在交易时尝试使用这一交易工具，但在使用这一方法时，你会发现有大量的信息以及许多与之相关的交易技巧。

深呼吸，我们将一起了解更多的知识，这样你就不会再因如此多的选择而感到不知所措了。

支撑及阻力指标

无论交易者的经验水平如何，他们都或多或少使用过支持位阻力位进行交易。在以前你或许看到过电视中的新闻或是在商业杂志中看到过消息称市场已进入50%阻力位，或是出现双顶显示阻力线。你可能也曾听说过移动平均线以及艾略特波浪作为支撑位与阻力位的指标。

你应该使用部分还是全部指标？答案是你应该使用所有指标，通过问自己几道问题就可以得出这一结论。

技术位与市场环境

交易者了解市场有波峰以及波谷，有时会出现剧烈的波动，有时处于

第6章　运用分析方法获得更多收益

牛市有时处于熊市，或是出现上述情况的各种组合。这会给交易者带来各种各样的烦恼，交易者可能对使用怎样的交易策略感到迷茫。有时候某种交易策略在上一笔交易中成功，但并不一定在这笔交易中会取得效果。

各种不同情形下技术位指标如何作用呢？这类似于使用不同的交易策略。不同的支撑压力指标适用于不同的市场环境。

因此答案就是：汇合。

这意味着技术位是由多种数理方法找到的，这包括计算大盘枢轴点，艾略特波浪，斐波那契回调线，期初平衡，今日/昨日、日/周/月高低点，四度空间主图，移动平均线，价值中枢，高低开盘收盘数据，趋势线，成交分布图及成交量加权平均价。

观测数据

当将这些方法汇合在一起寻找支撑阻力位时，我们可以通过加入数据将分析水平再拉高一级。你的一些研究或许包括运用统计方法，例如回归分析来确定在具体环境中使用哪种方法。

假使现在市场趋势波动，你的历史交易经验告诉你根据成交量分布图分析市场要比其他方法成功的概率更高，这种情况下你就应该更多关注根据成交量分布图分析所得的支撑位及阻力位，无论头寸持有期的时间长短。

将这些方法整合起来，并对这些分析结果赋予不同的权重，你就可以找到合理的自己也有的支撑阻力位寻找方法，帮助你更好地进行交易决策。并且你会发现数字并非是随机组合，而是依照某种逻辑出现。你要记住，市场也有特有的"性格"以及不同的阶段。就像人类的组合一样，一些方法与另一些方法结合使用时效果更好。

什么是市场轮廓

市场轮廓背后的想法来自于市场是由价格、时间、交易量三大部分组成的。每天市场都会产生各种成交价格。在交易场所中，价格并非不变的，相反它是不断变化的。市场轮廓就是追踪每一交易时段内承接与出货的状况，将这些变化记录下来，帮助交易者从图像形态的变化中寻找逻辑关系，从而推测未来市场的发展方向。

市场轮廓的组成部分：期初平衡

期初平衡是一个基于四度空间主图的判断指标，它代表了开市时的市场高低变化。你会发现这个指标十分有趣：在近5年中68%的时间里，日交易的高位及低位都在开市一小时的时间段内达到。交易者会发现这一指标不仅对当日的交易有指示性作用，对第二天的交易也能起到一定借鉴作用。

交易量分布图

现在我们先把市场轮廓放在一边，并花费一点时间研究一下成交量分布图。在成交量分布图中控制值、VAH（volume average high）、VAL（volume average low）以及VPOC（volume point of control）将成为枢轴点。

成交量分布图记录不同价位的市场成交量，波峰及波谷表示成交量的高位及低位。由于在某些价位市场形成大量的买单或是卖单，因此未来在这些价位可能会形成支撑或是阻力。

成交量分布图的另一指标：Naked VPOC

Naked VPOC 是从上一交易日的成交量分布图中得到的，VPOC 可以被定义为某交易日中交易量最大的价位，而 Naked VPOC 则意味着市场尚未回归昨日最大成交量价位。这表示在未来的价格变动中，价格会在该水平附近长时间徘徊。

成交量加权平均价（VWAP）——衡量平均价格

成交量平均价就像是移动平均一样，是将多笔交易的价格按各自的成交量加权而算出的平均价。若是计算某一证券在某交易日的VWAP，将当

第 6 章　运用分析方法获得更多收益

日成交总值除以总成交量即可。

计算枢轴点的方法

枢轴点位和相应的支撑和阻力位是由前一个交易时段的开盘价、最高价、最低价以及收盘价计算得出的。实际操作中有许多种计算方法，例如卡玛利拉计算方法、汤姆·丹麦计算方法、经典计算方法、标准计算方法、伍迪计算方法。

标准计算方法

标准计算方法是基于不同时间框架，如日度、周度、月度数据，按照如下方程计算得出的：

$R4 = R3 + (H-L)$

$R3 = R2 + (H-L)$

$R2 = PP + (H-L)$

$R1 = (2 \times PP) - LOW$

$PP = (HIGH + LOW + CLOSE)/3$

$S1 = (2 \times PP) - HIGH$

$S2 = PP - (H-L)$

$S3 = S2 - (H-L)$

$S4 = S3 - (H-L)$

H 与 L 分别代表高（HIGH）、低（LOW），R1—R4 表示阻力位，PP 代表枢轴点，S4—S1 表示支撑位。

卡玛利拉计算方法

卡玛利拉枢轴点是基于相同的时间框架，运用如下方程计算得出的（字母缩写与上述标准计算方法相同）。其中卡玛利拉枢轴点计算方程中参数 PP（枢轴点）没有出现，多出的 C 代表 Close（收盘价）。

$R4 = (H-L) \times 1.1/2 + C$

$R3 = (H-L) \times 1.1/4 + C$

$R2 = (H-L) \times 1.1/6 + C$

$R1 = (H-L) \times 1.1/12 + C$

$S1 = C - (H-L) \times 1.1/12$

$S2 = C - (H-L) \times 1.1/6$

$S3 = C - (H-L) \times 1.1/4$

$S4 = C - (H-L) \times 1.1/2$

伍迪计算方法

伍迪枢轴点基于与标准计算方法相同的时间框架，使用的字母缩写也与标准计算方法相同。但方程中比标准计算方法多了一个参数 Open（开盘价）。

$R4 = R3 + (H-L)$

$R3 = H + 2 \times (PP-L)$

$R2 = PP + (H-L)$

$R1 = (2 \times PP) - LOW$

$PP = [HIGH + LOW + (OPEN \times 2)] / 4$

$S1 = (2 \times PP) - HIGH$

$S2 = PP - (H-L)$

$S3 = L - 2 \times (H-PP)$

$S4 = S3 - (H-L)$

经典计算方法

经典枢轴点的计算公式同样使用上述的字母缩写，但计算结果分别只有三个支撑位与阻力位。

$R3 = (P-S1) + R2$

$R2 = (P-S1) + R1$

$R1 = (2 \times P) - L$

第6章 运用分析方法获得更多收益

PP =（H+L+C）/3

S1 =（2×P）-H

S2 = P -（R1-S1）

S3 = P -（R2-S1）

汤姆·丹麦计算方法

汤姆·丹麦枢轴点的计算方程如下，与上述计算方程形式上有较大的差别。枢轴点会根据不同情况采用不同的公式计算：

X 的价值取决于开盘价与收盘价间的关系。

如果收盘价 < 开盘价，那么 X = H+2×L+C；

如果收盘价 > 开盘价，那么 X = 2×H+L+C；

如果收盘价 = 开盘价，那么 X = H+L+2×C；

新高位 = X/2-L；

PP = X/4

新低位 = X/2-H

技术分析中会使用到大量的图标以及指标，例如 K 线图，艾略特波浪理论，移动平均，回归分析，支撑位与阻力位。所有这些分析方法都基于同一理念：运用数理化的方法寻找货币对价值的变化规律，选择画线或是通过分析统计数据寻找交易机会。有些图表可以通过交易平台得到，你只需要登录交易平台，点击"技术分析"板块就可以了。选择你想使用的指标，这些指标就会标示在图表中。图 6-1 显示了斐波那契扇形线以及 20 日均线与 50 日均线。斐波那契扇形线的起点在最低点，正如组成类似于扇形的三条线所示，这一点表示货币对的价值最低点。价格跌至这一水平后迅速回调。斐波那契扇形线是基于斐波那契数列基础的。但我们不需要面对如此复杂的理论，因为交易者只需要将光标置于最低点，多数交易软件会根据货币对在图示时间框架下的价格波动自动进行计算并显示斐波那契扇形线。

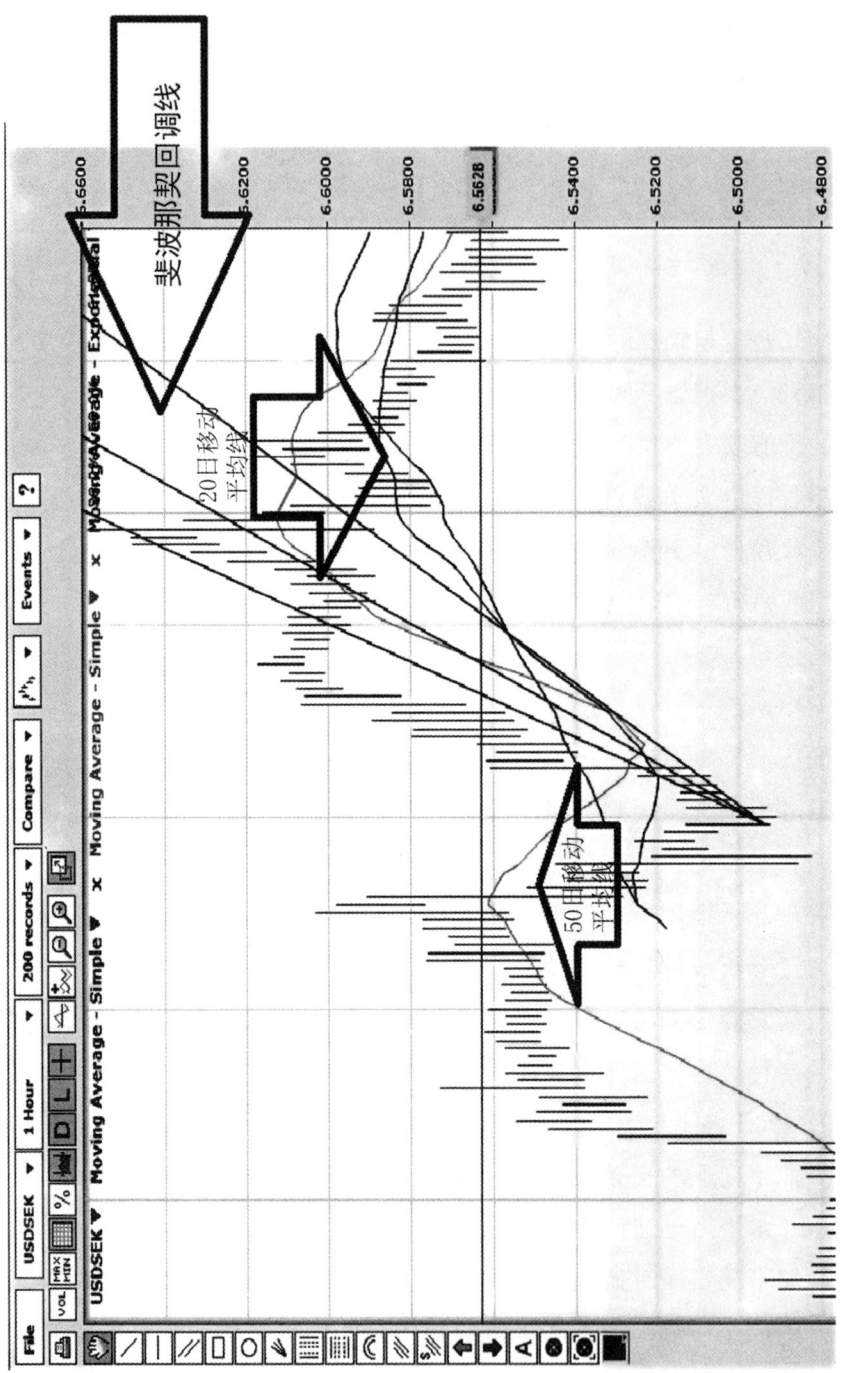

图6-1 斐波那契回调线

第6章 运用分析方法获得更多收益

三条斐波那契扇形线可以为交易者图示三条不同等级的支撑线和阻力线（高、中、低），这一信息可以帮助交易者进入有关时点进行决策。例如当即将到达某阻力水平（由斐波那契扇形线显示），价格有可能突破这一阻力位继续维持上升行情。通过斐波那契扇形线，交易者可以快速在图中找到支撑位与阻力位。

当你有机会时，你可以进入技术分析板块尝试使用斐波那契扇形线。由图中的最低点拉伸出斐波那契扇形线，用于预测接下来的市场走势吧。

许多原因导致斐波那契扇形线在实际操作中被广泛使用，其中一个是斐波那契扇形线可以用于寻找货币对价值的转折点。

对于技术交易者，下部的这根线被用于确定在什么点位支撑线可能会被击穿或是会遇到支撑。换句话说，经纪商建议买卖交易时，在报告中也会提到这些内容。可能报告中会称"欧元/瑞士法郎将会在这一点位获得支撑"。

这两个例子，支撑位及转折点都可以通过技术分析中的斐波那契扇形线这一指标获得。

技术交易背后的原理

在掌握技术分析的方法后，你对什么时间进入市场，什么时间退出市场会有更深一步的了解。另外，了解技术分析的三个假设也将帮助你在观测图表时加强基本面分析。

了解从众效应可以帮助你认识到外汇交易中货币对的价值变化一般呈趋势变化。另外，从众效应认为只有某一事件引起这一趋势的"群众"（在外汇市场中即为外汇交易者）心理发生变化，货币对价值才有可能朝一个方向运动。

这是如何发生的呢？根据市场有效假说，外汇市场所有的交易者都能获得相同的信息。市场有效假说已经有很长的发展历史了，起先是法国股

外汇交易入门

票经纪人朱尔斯·雷格纳特在19世纪60年代建立了一个模型,尔后在20年代,一位名叫路易斯·巴舍利耶的法国数学家进一步发展了这个模型,并最后由尤金·法玛于20世纪60年代最终完善这一理论。

所有人都可能存在搭便车的思想,从众效应认为交易者都可能参照其他人的交易完成自己的交易。当某货币对的价值上下浮动时,可能会形成某一方向的交易势头。当交易者对市场趋势的预测相同时,他们会按统一方向下单交易,这会进一步增强这一趋势,直至市场中某事件导致市场情绪的转变。这一事件带来的利好或利空消息有可能源自于技术分析也可能源自于基本面分析。

许多交易者可能都会在同一时点转向,这将导致货币对价值运动趋势发生变化。这符合均值回归理论。在消息作用于市场时,市场中会出现大量反向操作,这会导致趋势的反转。这一趋势将持续,直至某事件导致这一趋势的反转。尔后上述过程会重复出现,市场将不断上下波动。

结合理论与技术分析图,交易者可以在外汇交易中创造良好的战绩。这将帮助交易者决定进入时点——例如是否或是什么时间进入。这同样可以帮助交易者判断什么时点市场可能会反转,也可以帮助交易者在市场情绪反转前平仓结利。

在你分析技术分析图之前,你要选择你希望交易的货币对。现在我们来看一个寻找欧元/瑞士法郎技术指标的交易案例。

假设你已经研究过交易商的报告并且已经了解基本面的情况,并且在基本面分析中,你基于在瑞士央行网站上以及每日外汇网站(www.dailyfx.com)上浏览到的信息你决定做多欧元/瑞士法郎货币对。你在长期框架内看好瑞士法郎但在短期内认为欧元兑瑞士法郎反弹。

现在你可以查看技术分析图了,不过你首先需要有技术分析图才可以查看。一种方法是登陆外汇交易平台,平台将为你提供条形图、K线

第6章 运用分析方法获得更多收益

图等各类技术分析图，有的平台可以同时为你展现上述两种类型的技术分析图，你可以通过鼠标在二者间来回切换，然后看哪类图更适合交易操作。

现在我们仔细研究一下这两类技术分析图，先由K线图开始。K线图又被称为蜡烛图，由众多竖线构成。横坐标表示时间，纵坐标表示价格。

或许你可以尝试绘制欧元/瑞士法郎15分钟K线图。你的外汇交易软件可以轻易帮你做到这些。K线图横坐标以15分钟为增量显示一段时期内货币对的价格变动情况。另外，欧元/瑞士法郎每15分钟的价格情况将反映在一根K线上。

你将会看到红色和绿色的K线，这些线代表了每15分钟价格的变动情况，同样，交易者可以通过K线的长度判断每15分钟的交易区间。红线代表价格下跌，绿线代表价格上升。退后一步看一下K线图的时间周期，使用日K线图可以帮助你看清价格走势，当然你也可以使用时间周期更短的K线图，例如30秒K线图，这一时间周期的K线图可以使你进一步精确进入或退出时点。

柱线图

你会发现柱线图使用起来比K线图更方便，并且更直观。在15分钟图上，横坐标以15分钟为增量，这一周期的开市价及收市价将由竖线旁边的横线表示。

竖线代表在这一周期内市场价格变动的区间，右方一条短线代表了该时间周期结束时的市场价格。

当你在15或是17英寸的笔记本上观察柱状图时，竖线可能只有半厘米到一厘米之间，这条竖线代表货币对在某时间周期内的价格变动区间。15分钟图中，每15分钟的价格变动表现为一条竖线，竖线在图中连续出现，整体来看类似于平滑的曲线，表现价格的变动情况。

利用移动平均线寻找交易时点

你已经尝试使用柱线图显示欧元/瑞士法郎的价格变动,现在你可以尝试使用50日移动平均线及200日移动平均线作为交易指标进行交易。移动平均线是根据收市价、开市价以及货币对前50或200日均值的数据计算出来的。

换句话说,以最近200日的收盘价累加后除以200,构成当天的线。下一个交易日则将最前面一个交易日的收盘价去掉,加上最新的收盘价后除以200。这样一来,移动平均线随着交易日的推进而不断移动变化。移动平均线采用统计学中移动平均的原理,随时间而上下起伏。如果你希望获得1小时图,图中横坐标涵盖200天,每天显示24根K线,那么每1小时的时间区间上200日均线的点就代表了199天加23个小时再加上最后一个小时的收市价的均值。这对于50日移动平均线而言也是相同的。

当你决定好想要使用的时间周期之后(例如15分钟图或是其他时间周期图),交易软件会为你显示柱线图,交易者仅需要在工具栏中找到"技术分析"中的下拉菜单就可以了。或许你会发现下拉菜单中有许多技术分析指标,选择"移动平均线",根据你需要的天数选择你想要加在图上的移动平均线。

你可以先选择200日均线,并将其设置为加粗的一根线。然后选择添加50日均线,用不同颜色标注。图6-2显示了50日移动平均线。

在上个图例中,K线图设置为1小时图,两条线分别是200日移动平均线与50日移动平均线。均线的走势与K线的上下波动有一定相关性。50日移动平均线图与K线的走势更相似,对于价格变动也更加敏感。上图中颜色较浅的线为50日移动平均线。

第6章 运用分析方法获得更多收益

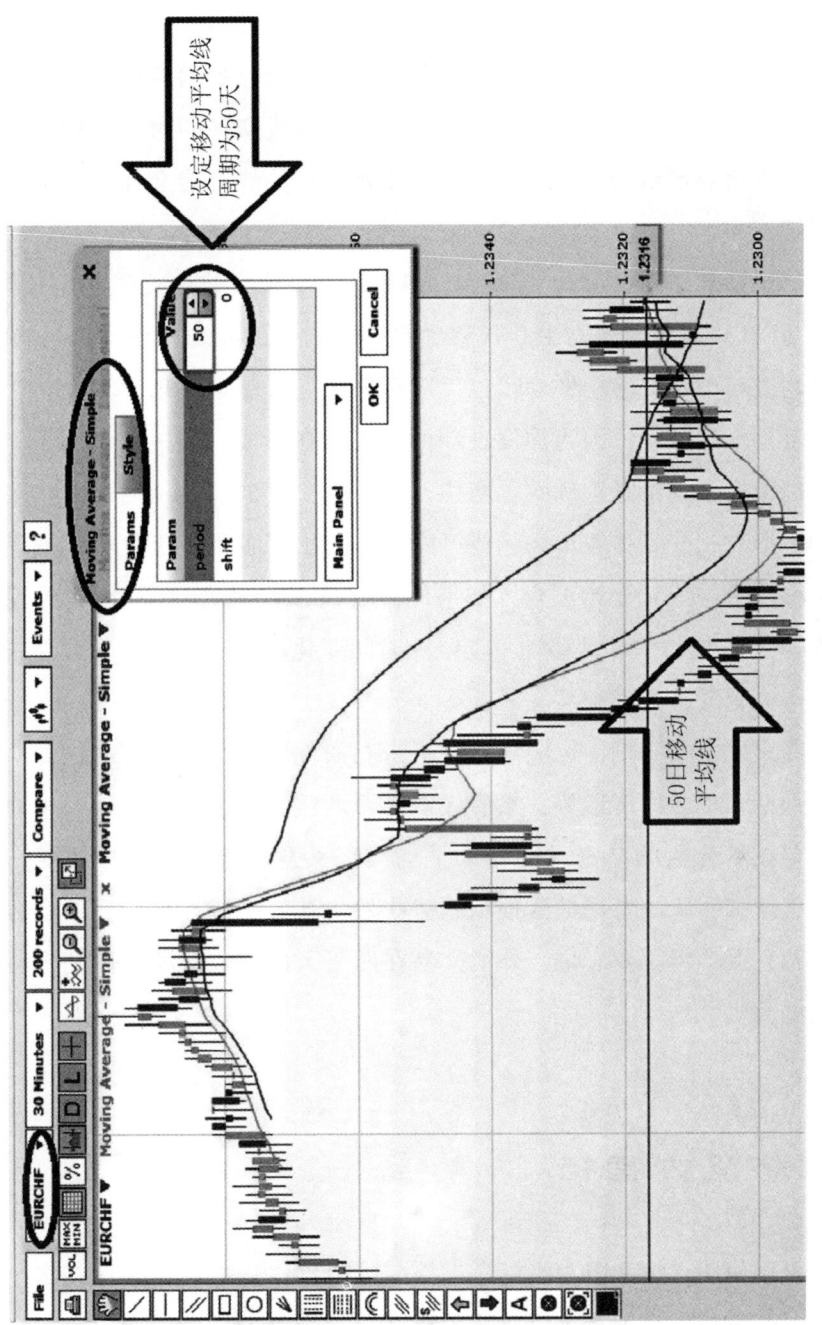

图6-2 欧元/瑞士法朗200日移动平均线及50日移动平均线

外汇交易入门

200日移动平均线的波幅略小，上图中颜色较深的线为200日移动平均线。在借助交易平台绘制1小时图与两条移动均线后，你现在就可以将移动平均线用于技术分析中了。一个简单的方法是寻找两条移动平均线的交点，在上图中你可以发现三点交叉。移动平均线交叉的时点在技术分析中意味着货币对价格的走势可能会发生变化，新趋势可能会在接下来一段时间持续。

在你观察到200日移动平均线与50日移动平均线的交叉点之后，你可以通过20日移动平均线与100日移动平均线为你的发现提供支持。20日移动平均线与100日移动平均线也反应在该时点可能会出现市场反转，这对你而言是个好消息，因为你发现新的趋势正在形成。通过这个例子，你现在可以说这个理论是正确的：两移动平均线，如50日移动平均线与200日移动平均线相交意味着市场趋势可能发生变化。你会发现在6-1图中末端两条移动平均线又开始汇合，如果你将K线图设置为"实时"，并设置50日移动平均线与200日移动平均线随时间变化而更新，你会发现在未来某一时点二者又会出现交叉。

在交叉发生的时刻，你应该回过头来查阅你的基本面分析，例如券商研报、预期利率、经济形势，然后决定是否调整头寸方向。如果基本面分析结论与技术分析的结论（两移动平均线交叉意味着市场趋势转变）相同，那么就有明确的市场信号预示趋势将发生转变。或许转变后的趋势只持续了两三天，但不要忘记，外汇交易在两三天内的收益就可以超过普通人一周的薪水。

支撑与阻力指标

你可以使用支撑和阻力指标。支撑与阻力价位表示趋势在这些水平上可能会改变方向。突破技术位意味着在这一时刻市场仍可以产生大量买单或是买单推动价格按原先趋势发展。

第6章 运用分析方法获得更多收益

这些支撑位与阻力位十分重要,是交易者重要的心理关口。全球的交易者都不轻易在突破位附近下单。多数经纪商会提供特定货币对中高级别支撑位与阻力位的信息。

通过阅读券商研报或是从新闻渠道,如 DailyFX 或 FXStreet 得来的消息,你可以快速找到用于支撑位及阻力位指标的数据。

支撑位是指在股价下跌时可能遇到支撑,从而止跌回稳的价位,其对应的阻力位则是指在股价上升时可能遇到压力,从而反转下跌的价位。支撑位与阻力位都是交易者的重要心理关口,支撑位与阻力位都是基于货币对的历史交易数据计算得出的。这些技术位也可能是由上月的收市价、交易者心理价位或是斐波那契扇形线等估计出来的。

了解如何找到支撑位与阻力位是十分重要的,但你并不需要自己亲自计算或分析出这些技术位。你应该快速熟悉这些技术位对于交易的含义,并且运用到自己的交易策略中去。有时候,了解如何使用统计指标或是技术指标要比独自花费大量时间进行大量测试得来的"新"数据更要实用。

这就类似于你只需要知道如何开车,而不需要了解如何制造一辆车。如果你希望到达某地,你只需要启动汽车然后出发,而非为到达某商店临时制造一台汽车需要的发动机。

你会发现有的外汇动态新闻递送服务会向你提供大量的技术分析信息,但这些服务通常是收费的。如果你选择付费获得这类服务,这类信息在你进行外汇交易时会为你提供帮助,至少可以帮助你完善技术分析。

这同样适用于支撑线与阻力线:因为几乎所有的外汇交易商、动态新闻递送、外汇交易网站都会发布各类货币对的第一、第二支撑位与阻力位。你应该花费一些时间学习如何使用这些信息而非如何自己计算这些指标。在你学会使用这些信息帮助自己进行技术分析之后,你可以学习这些指标是如何计算的。同时你也应该使用你可以轻松获得的信息。

技术分析可以被看作是一门科学并且所有专家使用技术分析都会得到类似的结论,由技术分析得到的支撑线与阻力线将通过交易商的报告或是动态信息递送等途径传递给交易者(这就是订阅动态消息递送服务的好处之一）。当你可以获得经纪商报告时，交易者自己的工作量就大幅减少了。

斐波那契扇形线是以最低点反向到最高点线上的两个端点画出的趋势线。然后通过第二点画出一条"无形的"垂直线。然后，从第一个点画出第三条趋势线。这三条线代表了支撑点和阻力点的价格水平，可以为交易者提供重要的有关进出市场的信息。

外汇交易者可以通过外汇软件在技术分析图中绘制出斐波那契扇形线。全球的交易者都可以了解三条线的位置，这将给予交易者强烈的信心，认为由斐波那契扇形线得出的技术位可以起到强大的支撑或阻力作用。全球的交易者都知道，一旦技术位被突破，其他交易者也都会注意到，他们可能选择积极回应或是不改变交易方向。这就是之前所提到的"从众效应"。这将由交易者头寸方向决定。

以支撑位为例，一旦第一支撑位被突破，那么从理论上来讲第二支撑位也会随后被突破。在此之后，交易者会快速在价格到达第三支撑位之前调整头寸方向。快速的变动致使市场在这一点形成支撑：价格运动方向并不重要，重要的是已经快到达支撑线了。当然在这一过程中有些人能够盈利，而有些人面临亏损。

当你开始逐步了解并使用支撑及阻力指标，你已经开始使用技术指标分析巩固基本面分析得到的结论了。

这里跟大家介绍一下斐波那契扇形线的一些背景知识。斐波那契扇形线基于"黄金比例"，斐波那契于1202年首先在其书中提到这一概念。书名为《计算之书》或是《珠算原理》。

在你的交易平台上，你可以使用各种技术指标并绘制技术分析图。这包括学习使用K线图以及柱线图，用图形的形式表现历史价格运动情况。你同样可以通过图表观测某一具体时段价格的波动，同时可以选择观测所需的时间周期。长时间周期图包括1小时图与日图反映了某货币对的价格变动情况，而短时间周期图包括1分钟图、5分钟图、15分钟图可以帮助投资者决策进出时点。

当你绘制了基本的技术分析图后，你可以使用均线帮助你进行技术分

第 6 章 运用分析方法获得更多收益

析。你可以使用交易软件中的功能绘制 50 日均线与 200 日均线，并且将二者加以颜色的区分。着重注意均线交叉的时点，因为这些时点意味着货币对价值运动方向很可能发生变化。

你可以将这一信息与基本面分析相比对，如果你预测某时点两均线再次交叉时，将这些信息记录在交易日志中。一些交易平台允许交易者在技术分析图中标注自由形态的线条。

如果你的交易软件允许你这么做，那么你可以自己画线用于预测两均线在未来何时再次交叉。预测交叉点后，在图中该点进行标注。

不要忘记将这一预测记录在交易日志中！

这种方法代表一类利用少量数学以及逻辑的思维主动寻找进出时点的交易策略。当进行外汇交易时，最好能够取得主动地位，而非根据市场被动反应。你应该时刻关注自己预测的正确率，如果你在这种交易策略上不断进步，那么你应该在模拟账户上尝试进行长短期的交易，然后观测市场在预测点的变化并且做好笔记。

你可以将技术分析看作是定量的理性方式，并结合基本面信息加强自己的观测能力，然后你可以在模拟账户中进行交易，提高实战能力。你的预测能力可以使你处于交易中的主动地位。

当你阅读并理解本章节后，你将打造出稳固的交易基础，使你在未来的交易日中时常处于盈利状态。

练习题

1. 基本面分析基于什么因素决定外汇价值（　　）。

  A. 利率

  B. 增长率

  C. 经济指标

  D. 上述所有

2. 一国的增长率及通胀率会公布在（　　）。

A. 公共网站

B. 全国性的报社的网站

C. 媒体，例如 CNBC

D. 央行网站

3. 在寻找交易机会时，需要牢记（　　）。

A. 所有货币都是不同的

B. 所有货币都是相同的

C. 你需要比较两种货币

D. 最好考虑增长率、利率、央行政策偏好等因素

E. C 和 D

4. 技术分析使用（　　）。

A. 计算机与网络

B. 复杂的程序

C. 技术指标

D. 上述所有

5. 移动平均基于收市价。（　　）

A. 对

B. 错

6. 使用移动平均线最有效的方式是将____的时间周期结合使用（　　）。

A. 最高及最低

B. 最快及最慢

C. 最大及最小

D. 50 日均线与 200 日均线

7. 多数外汇软件提供技术分析图及技术指标。（　　）

A. 对

B. 错

8. 外汇交易中最好结合（　　）。

A. 基本面分析及基础研究

B. 交易日志及交易日历

C. 基本面分析及技术分析

D. B 和 C

E. 上述所有

9. 枢轴点用于确定支撑位及阻力位。（　　）

A. 对

B. 错

10. 当使用 200 日均线与 50 日均线、100 日均线与 20 日均线时，最好设定在同一时间周期内。（　　）

A. 对

B. 错

第 7 章　如何使交易思路奏效

在本章中，你将了解到：

- 如何通过保守型交易策略获得长期盈利
- 如何交易交易所买卖基金
- 深入了解模拟账户
- 记录交易盈亏对报税的重要性
- 如何构建外汇账户

第 7 章　如何使交易思路奏效

准备好降低你的风险并使用一些新的方法进行交易了吗？本章涉及使用 90%债券 10%外汇的投资组合，投资于交易所交易基金。最后我们将向大家介绍如何像运营公司一样运营外汇账户。

通过外汇交易提高收入水平

许多人追求在最短时间内利用外汇交易得到巨大收益，但同时有部分人的目标趋于保守，他们将外汇账户看作有利息收入的储蓄账户，账户所能带来的资产增值仅是额外好处。这些交易者使用的交易策略被称为"为获得总体回报的投资"，总回报即利息收入及资产增值。

一些投资者投资于外汇投资组合以获得总体回报，在这种情况下，80%的时间中账户资金是以现金形式存在的，只有 20%的时间是用于外汇交易的。同时交易者使用约 10%的时间寻找交易机会。他们只投资于盈利概率大的交易，使用保证金的三分之一，并将三分之一的保证金分成三份分三次进行买入操作。

使用这种交易策略时，一旦交易上升至盈利区间，那么就立刻平掉所有头寸。这意味着一旦累计利润图变绿，那么就立刻点击按键"关闭交易"。记住，此类交易者会在利润率很低的情况下平仓。这一交易理念是在极短时间内创造经常性的收入。这些低收益率的交易积累起来可以起到利率收入的功能。

交易者理解，在某交易中花费的时间越长，那么风险就越高。那些花费整晚或是整个周末操作某笔交易的交易者相比于上述只赚取低收益率的交易者要承担更多的风险。

外汇交易入门

外汇账户中利息的收益是按照复利计算的，这相比于将资金存入按单利计算的普通银行账户而言是更明智的选择。获取总体回报的投资策略可以增强外汇投资组合的盈利能力，即使每笔盈利数额都很小。

这种交易策略适合于保守型并且不追求巨额收益的交易者。账户中资金在大部分时间内都保持不动，只有在某交易获利概率很高的情况下才下单，这种方式会使交易者从利息中收获5%—10%的自然增值，并且每年都可以获得这类收益。理想情况下，交易者只需要每个月抽出几天中的一两个小时进行外汇交易。

另外，交易者每次只利用总体保证金的十分之一而非三分之一进行交易可以减少交易中可能面临的风险。较小的交易规模可以降低潜在的损失。但是，利用这种交易策略需要更多的人为操作，这点与激进的利用自动交易系统的交易策略不同。这类交易最佳操作时间是下午，因为在下午交易量开始下降，市场变化趋于平缓，这样会在价格变化时给予交易者更多的反应时间。使用该交易策略的交易者通常使用 15 秒图或是 30 秒图寻找进出时点。

保守型交易及国库券

多数保守型投资者的投资组合中都包含现金、债券、存款证明或是债券型基金等。一种可以使交易者获得股票市场收益但同时也可以像债券市场一样安全的交易策略就是将90%的资金投资于国库券，剩余10%的资金投资于外汇市场。

许多高净值客户的金融分析师都建议他们采取上述比例的投资策略。你的大部分资产将投资于低风险资产（国库券评级为 AA），也就是说投资组合中90%的资金几乎不承担风险，这 90%资金的年收益在 0.01%—1.0%之间，根据市场情况而定。

第7章　如何使交易思路奏效

尽管美国国债评级从 AAA 降至 AA，但国库券仍属于安全性很高的资产。其他国家国债的评级或许会高于美国，但都是以其他货币标价的，并且营利性也不如美国国债。

剩余 10% 的资金将放入外汇账户中。利用上述交易策略投资者可以获得来自于套利交易中的利息收入及资本增值。这一交易策略要求交易者比较保守，但同时也根据市场情绪进行交易已获得收益。

上述 90% 国库券 10% 外汇的交易策略与将外汇账户资金投资于标普 500 指数的收益水平类似。换句话说，你可以尝试将 10% 的资金投资于股指期货。但投资外汇交易可以绕开股指期货繁多的要求，并且投资于期货是十分复杂的。另外，不像期货一样，外汇并没有到期日，因此一笔外汇交易可以持续几周、几个月或者几年时间。另外，通过外汇交易，交易者可以分享经济发展所带来的收益。最后，外汇交易可以通过投资于不同的货币对进行分散化投资。

改变投资的货币对可以简单地做多澳元/美元或是做空其他货币对。例如波兰这类发展中国家可能会抓住你的眼球。尝试交易欧元/波兰兹罗提，这对货币对的风险程度适中，并且可以获得波兰经济增长的红利。波兰实行相对保守的货币政策，同时部分国家成功偿还债务，部分国家贸易顺差持续增加。有些国家的经济要比相对货币国家的经济强盛。基于这些原因，货币对的情况都是不同的，这能使交易者分散化投资。

记住将 10% 的资金投资于外汇交易，这样可以快速增加投资组合的收益。如果你想进一步控制风险，那么你可以只使用 25% 的保证金进行交易，而非之前提到的 33%。将 25% 的保证金分四次进行买入操作，这会进一步降低风险。运用这样的交易策略可以使你进一步感受市场变化，获得更多交易体验。涉及的货币对越多，交易者投资的分散性越强，更能应对波动的外汇市场。举个例子，图 7-1 展示了瑞典克朗信托基金与 3 个月的国库券的波动及收益情况。

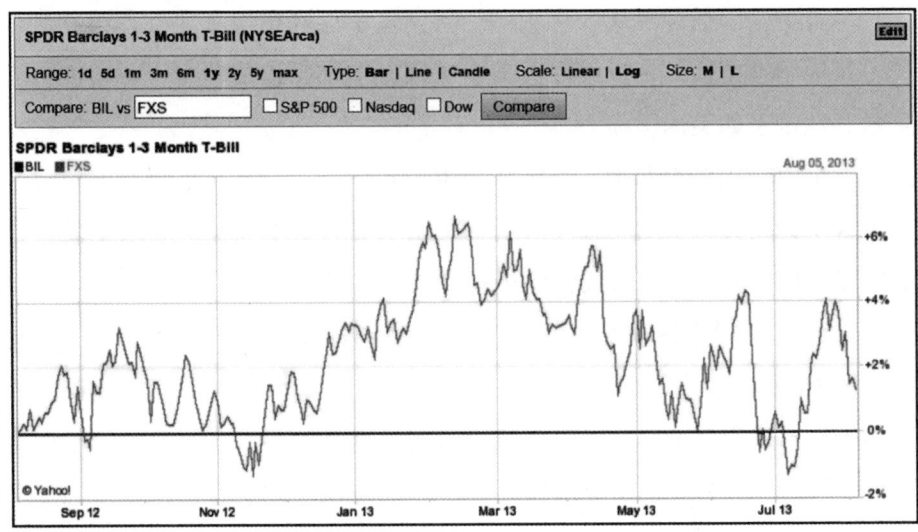

图 7-1　瑞典克朗 ETF 与美国短期国库券 ETF

货币型基金：观察、分析、交易

还有一个比较安全的投资于外汇的渠道：货币型基金。虽然货币型基金的内部结构类似于共同基金，但货币型基金的交易方式类似于股票买卖。货币型基金在过去五年中越来越得到交易者的青睐，市场规模逐渐扩大。几个货币型基金位于股票交易者最喜爱的交易类别榜单的前列。有些甚至被大型基金经理作为投资于难以进入的市场的手段。

货币型基金通常投资于货币市场，例如定期存单或是以本国货币计价的现金。货币型基金的价值随货币价值起伏，并且根据利率变化为投资者支付红利。然而红利只是每月支付并且不再重复投资于货币型基金。

交易者可以在 CurrencyShares 网站上（http://www.currencyshares.com/home/CurrencyShares）找到最受交易者推崇的货币型基金。CurrencyShares 同样有外汇替代的货币型基金，例如欧元、瑞士法郎、澳元以及其他货币。

对于希望通过外汇交易分散化投资并且希望在不采用杠杆交易方式

第 7 章　如何使交易思路奏效

获得做空美元的收益的交易者，货币型基金是一个很好的选择。通常提供全方位服务的外汇经纪商以及部分折扣经纪人允许交易者像股票买卖一样投资于货币型基金。交易者可以下限价单、止损止盈单等，就像在股票市场进行的操作一样，事实上与正常的外汇交易操作也是大同小异的。

另一种投资于货币型基金的目的是利用货币型基金建立对冲头寸。这是一种分散风险极佳的方式。考虑通过买进跟踪 VIX 走势的 VXX 基金为多头澳元、瑞典克朗以及捷克克朗建立对冲头寸，VXX 基金可以使交易者在市场混乱、外汇交易面临损失的情况下获得收益。这是由于这一基金跟踪 VIX，即期权交易所市场波动率指数，这一指数又称为恐慌指数，当市场动荡时这一基金将获利。

另外，你也可以使用杠杆买入外汇货币基金，但是杠杆率与股票交易相同。

外汇货币基金适合于刚进入市场还处于摸索阶段的投资者。核对经纪商报告中有关外汇货币基金的分析内容并且记得浏览央行网站，并对某外汇货币基金进行深入的钻研。利用外汇货币基金进行外汇交易可以成为你投资策略中的理想方式。

"试驾"

通常尝试使用真实资金进行第一笔外汇交易时都是令人感到兴奋的。注册模拟账户通常是不收费的，并且你可以通过在模拟账户中的操作进行练习，并且不承担任何风险。首先，选择你青睐的交易商，使用该交易商提供的模拟账户，同时许多交易商允许交易者免费登陆交易平台。

在你注册成功之后，登陆并选择虚拟入金量，一般是 100000 美元到 1000000 美元之间。虽然选择 100 万美元的账户会让你感到十分刺激，但你需要知道如果你未来在真实账户中只打算投入 3000 美元的话，将模

外汇交易入门

拟账户期初余额设定为100万美元对你而言是很难起到练习作用的。选择最低的期初余额进行练习，这更贴近于未来真实交易中的情形。如果你习惯于大手笔的外汇买卖交易，当真实账户入金量为3000美元、5000美元甚至是500美元进行交易时，你或许会被波动的市场迅速淘汰。

其次，你需要设置杠杆率。你同样需要将杠杆率设置在合理的水平上，贴近真实交易中你希望使用的杠杆率。如果真实交易中你打算使用50∶1的杠杆率，那么模拟账户中你也可以设置这一水平的杠杆率。如果未来并不打算使用50∶1的杠杆率，那么在模拟账户中就不要使用这一杠杆率进行练习，否则模拟账户中盈亏经历将远远快于实际情形。如果你已经适应了低杠杆率的交易，那么你可以尝试将杠杆率调高，最终结果是账户中资金快速亏损掉的概率一定会很高，而你一定会十分疑惑是哪里出了问题。这是一个新手一般都会犯的错误，将杠杆率设置在较高水平，这会迅速耗尽你的账户余额。一些投资者可能会做金额很大的交易，他们忘记了如果将杠杆率设置为50∶1，那么货币对价值的变化速度对于他们而言是将杠杆率设置为10∶1的交易者的5倍。最好的方式就是将杠杆率设定为你适应的水平，在未来的外汇交易过程中不要再变动。

本书假设账户的杠杆率设置在50∶1。尽管50∶1的杠杆率水平会导致账户的大幅变动，但即使是保守的交易者也可以通过限制每笔交易的金额进而控制潜在损失的大小。

较低的杠杆率意味着较低的收益水平，但这样不至于使保证金迅速损失。这样在市场的大幅波动时你就可以少操些心。成为在某一杠杆率上交易的专家要比不断适应新的杠杆率更容易做到，交易成功的概率也越高。

使外汇交易成为生活的一部分

许多人认为外汇交易者过着令人羡慕的生活。事实上什么是生活中最

第 7 章 如何使交易思路奏效

重要的完全取决于你自己。有孩子的父母亲可能只能在晚上或是周末关注一下外汇市场的新闻，单身上班族，只有在特定时段交易，当然也有些人不分白天黑夜地在交易。这个观念同样适用于外汇交易者：你需要使外汇交易和谐融入你的生活，而非一种强制的负担。

如果外汇交易变成一种麻烦，那么你的交易经历也不会十分愉快，可能的情形是发现达到自己的交易目标是件令人倍感压力和沮丧的事，又或许是发现时间冲突使你不得不放弃日常的交易作息。有些人无法及时补足保证金，逐渐失去对外汇交易的兴趣，有些人只得保持保守的交易策略，每周只下单一次。无论情况是怎样的，市场都不会因为你一周还是一个月都没有下单而发生变化。交易需要时间，需要练习，最好的交易者有时候也需要给自己放个假。

这本书的意图并不是让你走上外汇交易的道路，所以重新定义你的生活吧。无论你现在就职于何处，婚姻状况如何，经济状况如何或是所在国家是什么，你都需要考虑上述问题。有些外汇交易者从 50 美元的期初余额开始交易，有些人投入 10000 美元。有些人一头扎进外汇交易市场，尔后却发现自己需要好的交易策略帮助自己寻找交易机会，有些人可能从没听说过"外汇交易"这个词，还需要查阅投资百科全书才知道其中的含义。

无论你起点如何，你都有能力从这里走得更远。新手以及经验丰富的交易者都可以使用低风险、高风险或是介乎二者之间的交易策略，但投入外汇交易学习的时间及精力将巩固你的外汇交易方式，帮助你获得更多的收益。同时这也能让你停下来思考你到底愿意在外汇市场上投入多少时间与精力。最终，你希望通过努力所得到的收益会帮助你定义你的生活方式。

积累收益

损失会带来痛苦，收益会带来快乐，这是十分自然的事，所以你一定希望获得更多的收益。但如果你是外汇市场中的新手，损失带来的冰冷的真实感会使你清醒。让我们运用知识、交易技巧以及一点运气将你的外汇

外汇交易入门

账户变成摇钱树吧。最好的部分在于一旦你的交易盈利，你可以取出来然后花掉！

持续将收益重新投入到外汇交易中，从不花时间享受收益可能会使交易者面临惨重的后果。积累大量的财富并不是这些交易者最终的结果，许多投资者在频繁盈利后逐渐受制于赢者的诅咒，他们认为自己在外汇市场所向披靡，尔后就会输得倾家荡产。当你获得连胜纪录时一定要更谨慎地进行交易。

避免跌入赢者的诅咒的最好的方式是允许自己从外汇账户中取出部分资金，比方说每周取出盈利的20%或是25%。许多交易者都不认同这样的做法，他们认为在交易顺利时将可以产生财富的资金取出是不合理的做法。然而，事实是如果你不享受外汇交易带来的收益，谁去享受呢？大量的资金固然是令人激动的，但积累财富用于偿付账单或是旅行的费用并不是失败的策略。事实上，你可以这样考虑：你是在为自己的耐心、技巧、专业以及辛劳支付报酬。

给自己写一张个人支票，用账户中的收益奖励自己，但只在交易的盈利不但能补足之前的损失并且还有结余的时候。将一部分资金用于再投资，剩下的部分取出来。或许你已经规划好了这部分资金的用途。例如度假、偿还车贷或房贷或是偿还信用卡欠款。

如果你像经营生意一样经营自己的外汇账户，你就可以期待两周之后的薪水了。或许使自己的账户处于盈利状态会花费一些时间，但上述观念仍是成立的。给自己发工资！如果每两周你都可以从外汇账户中取出定量的资金，那么你就已经走上外汇交易的正轨了，你会将外汇交易看作自己的一份事业，这将反过来帮助你保持积极性。

不幸的是许多交易者没有躲过赢者的诅咒，逐渐对外汇交易失去兴趣。或许在获得巨额收益后他们认为打败市场这个挑战对他们已经不再具有吸引力。有些交易者会认为这件事过于简单，并感到厌倦。有些人会提高交易的风险水平，改变杠杆率，试验自己到底能够挑战什么水平的交易风险。这就是一些收益率颇高的账户逐渐变为亏损的原因。这些交易者变

第7章 如何使交易思路奏效

得过度自信，被胜利冲昏了头脑，交易中不断挑战更高的风险，谨慎度也大打折扣。当这种态度到来时，最好是将账户中的资金提走一部分，或是采取分散化的策略将部分资金用于买入共同基金。

一种很适合上述情形的共同基金是多策略基金，例如巴克莱多策略指数基金，瑞银动态阿尔法基金。上述基金超越常规的对冲基金，用多种策略分散化投资资产。事实上它们是借助对冲基金管理方式的共同基金，投资领域有股票、债券及衍生品等。投资于多策略基金不但可以为你的投资组合带来较为稳定的收益，而且还可以通过分散化投资手段降低风险。需要注意的是，多策略基金从不遵循某一规则，因此它们的表现与股票及债券市场关系很小。

上述建议仅是处理盈余的一些方法，第一步永远是使自己的账户盈利。然后你可以偶尔取出一部分收益，以达到降低风险的目的。外汇交易组合可以快速积累财富，学习如何操作金额较大的账户也需要时间与精力。价值50美元的头寸与价值500美元的头寸操作方式是不同的。当账户资金量改变时，花费一定的时间在模拟账户中练习。外汇市场是一个令人兴奋的市场，记得在盈利之后享受你的劳动成果！

交税

获得收益一定伴随着税务责任。每笔交易都有详细记录对于纳税是十分必要的，同时拥有一个好的税务师是十分重要的。你可以考虑为外汇交易单独开设支票账户，你可以从这一账户提取收益，也可以用于记录损失，并记录存款及取款的资金流动情况。所有的支出记录都备份，包括中介费、消息订阅、与交易相关的期刊以及书籍、CPA报名费以及其他费用。

像经营企业一样进行外汇交易可以帮助你随时记录账户的收支情况。

国税局希望看到一份记录清晰的取款、存款、收入、账单的材料。另外，你在交易中所获得的资本性收入或是利息收入需要由经纪商向国税局提供记录。

事先向税务师咨询所有支出中那些符合税费减免的条件，这可能包括你为家庭办公室所配置的笔记本电脑、计算机硬件、手机、iPad，为正常办公所支付的网费以及与外汇交易相关的其他费用。在某些情况下，你在家庭办公室以外的咖啡以及餐点费用也可以算作外汇交易职业的费用。如果你选择参加培训，这部分支出可能也符合税费减免的条件。

最后，像经营企业一样进行外汇交易是一种责任，财务与金融问题不应该被轻视。每个月你都应该打印出收支明细，制定交易计划可以使你的交易更有条理，同时也会提高效率，降低情绪化因素的影响，进而增加账户的盈利能力。通过设定高标准、专业化的交易计划，你会在交易过程中不断积累财富。企业存在的意义只在于获得盈利。

通过外汇交易软件完成外汇交易的过程

这部分内容讨论的是与上面几个章节都有联系的通过外汇交易软件完成外汇交易的过程。首先我们会讨论选择合适的外汇经纪商，然后就需要一些主要因素帮助逐步建立规模较大的交易账户，但学习这些交易技能需要时间与心理的成熟。最后将这些因素组合在一起，努力使外汇交易获利，最终成为经济独立的人。

每个交易者心中都有一个完美的经纪人，他们希望自己的经纪人就是这个人。当选择遇到困难时，你可以闭上眼睛然后用手指或是鼠标在页面上随便选择一个。因为所有的经纪商提供的都是基本的服务，例如允许很低的入金量与很高的交易杠杆。将它们一一比较才能知道更多的

第7章 如何使交易思路奏效

细节。

通过国外交易商开户并将资金汇到交易所所在的托管银行下对于经纪商而言是十分简单的。关键是你也可按照存入资金的方式提取资金，这是由于几年前出台了反洗钱法。如果你不是马上需要这笔钱，仅查询余额就够了，有些交易者倾向于选择即时转账，这会增加额外的费用。建议交易者事先决定账户设立在什么地方，倾向于什么样的资金到账速度，并确定自己能够接受这样的安排。

尽管许多交易账户并不在美国，但经纪商除了遵循反洗钱法，还会遵循美国法律。同样的，不同国家的交易商遵循所在国的法律进行交易。除了货币对，一些经纪商还允许黄金与白银的保证金交易。受欧盟当局监管，杠杆率最高为500∶1。但OANDA平台受美国当局监管，外汇交易中的最高杠杆率为50∶1，而黄金与白银的现货交易则不能采取保证金交易的方式。

交易商需要经过残酷的竞争才能获得交易者的青睐，交易商的点差都大致相同，只是提供的可供交易的货币对数量不同。所有经纪商都会提供四大货币的外汇交易：日元、美元、欧元以及英镑（根据国际清算银行统计，上述四种货币是外汇交易中交易量最大的四种货币）。但只有部分经纪商会提供挪威克朗、瑞典克朗、冰岛克朗、匈牙利福林、波兰兹罗提、卢布等外汇交易服务，在前面的章节我们曾提到过这些货币种类，图7-2对部分货币对的价值走势加以比较。

是否对期货与期权也感兴趣呢？部分交易商同样允许交易者参与期货及期权市场。你可以选择一家提供多样化服务的经纪商，进而一站式完成投资组合中分散化投资策略。这类经纪商包括盈透证券，盈透证券允许客户以中心账户进行多种金融工具的投资活动。

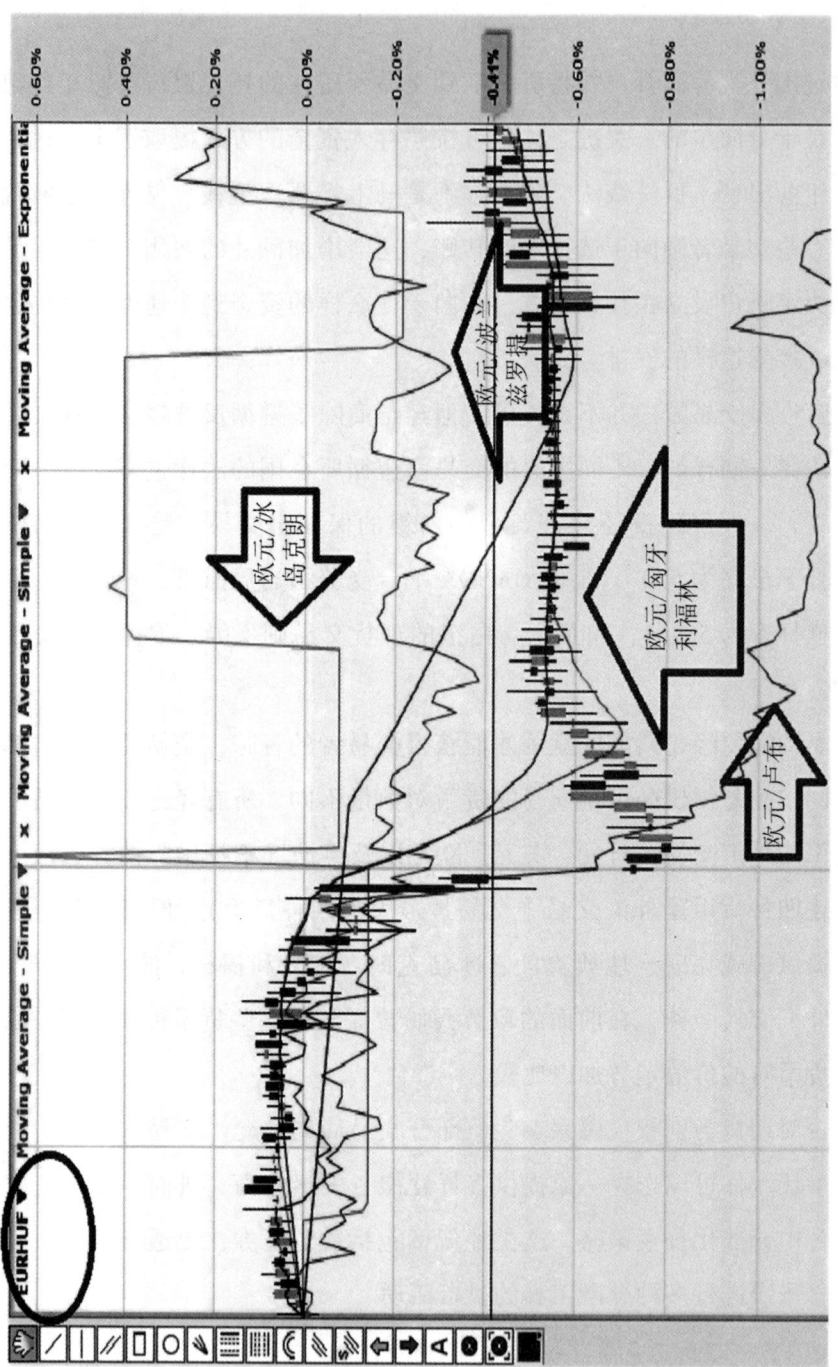

图7-2 外来货币

第7章 如何使交易思路奏效

外汇交易的工具，即外汇交易软件是各交易商宣传的资本之一。许多交易商吹捧本公司开发的交易软件"便于使用"，但所有的软件都运行相同的数据。事实上，所有交易者的习惯与偏好都不相同，也许某交易软件十分适合别人，但不一定也适合你。作为外汇市场中的新手，简单、便于操作对你而言是最重要的，而经验丰富的交易者使用这种只有基本功能的交易软件时就会觉得十分局限。比较复杂的软件通常意味着更高的自动化水平，利用C++或是类似计算机语言实现。查看你的经纪商提供的交易软件是否具备完全的交易功能。交易者经常使用的交易平台有MT4，许多经纪商允许交易者用两个平台进行交易，一个是比较基础的平台，另一个就是MT4。

最后要提到的是，许多初级经纪商并不为交易者提供交易明细。类似于支票账单，交易账户也有每笔盈利、损失以及费用的收支记录。一些经纪商会为交易者提供简化的盈亏报告。但是这些交易记录必须长期保存，一份详细的交易记录能够在交易者报税时起到很大的作用。

并非所有交易者都希望外汇交易进行得十分缓慢，但每个人都需要入金，初始金额可以是250美元，也可以是5000美元。无论是选择激进型交易方式还是保守型交易方式，长期的经历都能使你感受到交易的乐趣。事实上，较小的期初余额是一种聪明的选择，因为一笔交易中交易者可能只损失0.5美元，这相对于5000美元的账户可能的损失会少很多。所有人都会在外汇交易中面临损失，有些人只有40%的胜率但净收益仍是十分可观的。寻找好的交易机会需要耐心、时间与精力。

对于许多人而言，理财是另一类技能。在刚开始进行交易时应该使用金额较小的账户，就像是刚刚学会走路，但还不能跑步一样。就像骑自行车，每个人都以自己适应的速度在输赢交替中寻找平衡。从自行车上跌落或是某笔交易亏损会使你感到难过，但迁怒于自行车或是市场亦是无用的。恐惧、贪婪以及愧疚也会影响交易者的心态，有时候市场甚至会充斥

外汇交易入门

着这种情绪。学习在交易中如何处理这些情绪最好是通过操作小额、低风险的交易。

对于一些人而言，他们可能习惯于固定间隔时间向外汇账户存入定量的资金，例如每周一存入 50 美元或是每月月初存入 100 美元。这将使你的账户余额与逐步增多的用于外汇买卖的资金相平衡，这同样在增加资金影响账户余额时增加你的外汇交易知识。这是通过资金提高交易水平的方式，并抵消大额盈亏带来的情绪波动。

管理资金是对外汇交易至关重要的部分，哪个交易者都不能轻视这个任务。外汇交易中获得收益会鼓励交易者增加账户中的资金量，每周或是每月定量入金可以使交易者在增加交易技巧的同时逐渐增加每笔交易的规模。

上述情形中容易的部分是向账户汇入资金并使用金额越来越大的账户，挑战在于如何在长时期内持续增加账户金额。交易者需要找到可以获得更多投入到外汇市场的资金的门路。在倾囊投资之后，你需要安排个人的预算以拥有更多的用于投入外汇市场的资金。可以从减少日常支出获得更多的储蓄，只有交易账户的规模足够大，从外汇交易中获得的盈利才足以改变你的生活。找到一些并不会使你感到很大压力的省钱方法，例如每月 30 美元的健身卡，或是上班时每周两次从家里带午餐。外汇交易是在为未来投资，你会在其中感受到乐趣的。

逐渐积累起大额的交易账户可能是焦虑的来源，但事实上你并不需要花费很多的资金。确实，建立交易账户需要初始资金，可能每个月还需要向账户中增加资金，但资金规模的大小取决于交易者自己的状况。如果你还不能确保每个月向交易账户增加一笔资金，这甚至会是更好的情形。你可以在各种账单分割你每月的工资前先用外汇市场的盈利支付这些账单。如果你从总收入中抽出 100 美元，并当作它不存在，那么在支付账单时你就不会想念这 100 美元，并逐渐适应没有这 100 美元的生活。更好的情形

第 7 章　如何使交易思路奏效

是，在过去 12 个月中你都认为 100 美元不存在，不妨将这笔资金放入外汇账户作为投资。假使一个人每年 35000 美元的收入，薪水每年增加 2.5%，那么每年可以在外汇账户中放入 875 美元。这样一来每个月进入外汇账户的资金就是 72 美元（税前）。既然已经有这么多了，不妨省掉每周两次 5 美元的拿铁，改为 1 美元的麦当劳咖啡。这样你每个月就可以在外汇账户中存入 100 美元了。将账户设置为 50∶1 的杠杆率，这样 100 美元就可以当作 5000 美元交易了。将这笔资金投入到年利差为 4.5% 的套利交易中，一年下来，这部分收益将远高于 2.5% 的加薪。

积累交易技巧

交易者并非天生就能够寻找到好的交易机会并获利的。对新手来说，学习中遭遇损失是经常的事，这会是一个比较痛苦的过程。投入时间研究央行网站、金融新闻、经纪商报告以及经济评论文章，这样一来观察技术分析图以及寻找交易机会并合理解释建仓决策将马上成为你的习惯。尽可能多地了解你经常交易的货币对的信息。积累信息、寻找消息源并阅读更多的书籍以及文献会帮助你拓宽知识面并大大增加交易盈利的概率。

对于长期投资者而言，外汇交易是他们增加投资组合种类，并通过努力获得收益的极佳方式。类似于新的工作、爱好或是技能，交易者需要时间熟悉市场，需要更多的时间擅长于这个领域。努力避免损失与保持客观是经验丰富的交易者推崇的交易习惯。当你已经有能力使用外汇账户盈利给自己支付工资时，你就可以称为是外汇市场的高手了。

世界上各种事件都可以对经济产生影响。交易者可以通过观察公开事件来增加经验。某事件对价格的影响市场可能需要几个月的时间才能完全消化，而交易者可能会需要更长的时间才会意识到趋势变化。但一旦你积累了丰富的市场经验，你将会在市场还未能完全反应之前发现未来趋势的走势。

毫无疑问，这需要长时间的积累。在养成每天分析大量信息的习惯后，你会逐步发现市场的规律与趋势。时常关注新闻并且仔细分析数据会使你在外汇市场中抢占先机。因此进行交易是最佳积累经验的方式。刷单交易中每笔交易最多只有60分钟。或许你是套利交易者，因此一笔交易会进行几个月甚至一两年，但两种交易者都需要找到适合自己的交易方式，并花大量时间仔细对市场进行研究。虚拟账户可以增加你对真实交易的兴趣，并激励你在真实交易之前学习更多的交易技巧。持续使用虚拟账户进行练习，同时关注各类事件是如何影响经济的。这些生活方式将使你成为外汇市场的成功者，成为能够时刻把握市场动态的人，帮助你找到市场趋势变化的线索。

在用模拟账户进行练习的时候树立自信可以帮助你准确地管理投资组合。在前期经历过各种难关可以帮助你正确认识损失，尔后持续获利。发现市场趋势并准备好进行真实交易的时间要比你想象中来得早。经验会基于知识而增长，你可以基于经验寻找最佳交易时机并预测市场未来走势，在短时间内获利。你将了解如何操作账户资金以及遭受巨大损失而不被市场淘汰的方法，同时你也能够感受巨大收益所带来的愉悦心情。你将学会在市场产生剧烈波动期间暂时不再参与市场交易以及在获得若干笔盈利交易后关上电脑，让自己紧张的神经放松。

交易中的情绪波动

许多交易者都曾体验过巨大盈利所带来的喜悦与兴奋，那种心情就像是中了彩票一般。交易者感觉自己打败了市场，赢得了胜利，比市场中的交易者更机智。专业的交易者都知道这种感受，同时也明白这样的情绪转瞬即逝。

当涉及金钱方面的问题，人们的情绪很容易出现波动。将大笔资金投

第7章 如何使交易思路奏效

资于变化莫测且具备高风险特性的外汇市场会使交易者又承担着巨大的压力，因此交易者情绪可能会被放大好几倍。在深夜两点进行交易，你会发现交易者之所以会焦虑并不是因为胆小。新手并不应该感到绝望而是应该找到令自己感兴趣的点并持续交易。

所有交易者都会面临损失，而如何管理自己低落的情绪对未来的交易而言至关重要。内疚、疑虑以及担忧甚至会时常困扰经验丰富的交易者，但相信自己的基础知识、扩宽信息来源、操作更多笔的交易（甚至可以在虚拟账户中操作）可以增加你的自信心，振奋你的精神。开始时慢一些，同时使用本书中介绍的风险管理方法同样可以帮助你更好地交易。尽管可以使用更多的保证金扩大每笔交易的规模，但不要轻易使用这种方法，以避免行情下跌时出现催缴保证金的情况，这样可以减少交易者的损失。保持足够多的保证金使自己可以"双倍下注"，运用分散买入的方式平均化买入成本，即使交易失败了仍能减少损失带来的负面影响。当然，另一种方法是将短期交易转换为长期交易，等待未来出现转机。

现实中市场可能会让你饱受磨难。如果利差变化较大的话，不如将资金投向长期的套利交易，等待市场复苏。这可能会花费几个月甚至是几年的时间。

从另一方面来说，如果你因为某种原因，例如意外、疾病，或是市场形势糟糕需要暂时离开外汇市场，你的外汇账户又需要一直处于等待模式。如果市场情况不理想，而且你不想使资金承担风险，那么就把资金从账户中取出。我建议你把这笔资金投向其他领域。如果外汇交易让你感到焦虑并给你带来压力，或是没有给你带来心灵上以及物质上的满足感，那么最好暂时离开一段时间，或是使用之前的收益好好犒劳一下自己。

最好的减少压力的方法是像运营公司一样打理自己的外汇交易。这样你就可以养成规律的作息，每天有固定的工作时间、午休时间以及假期。作为老板的一大好处就是独立管理及经营。你的外汇交易为你工作，而非你为他人工作。

"今天在外汇市场上我被虐得很惨，因此我必须得把节奏慢下来了。"当这种情形发生在你身上时，不要害怕。外汇市场没有你依旧会正常运转。你的外汇经纪商同样会欣然接受你打算休息一段时间的决策。所有交易者都明白很多事情会在交易时段发生。交易者同样需要修车，需要给孩子买内衣、鞋子、iPad，其他花费也会累积起来，所以在必要时沉浸在外汇交易的世界中。然后带着利润回到生活中去。

外汇交易与财务自由

市场难以预测并且有时不合逻辑。例如你预测未来通胀率将会上升，因此做多白银与黄金，然而市场却出现爆炸式增长，黄金白银下跌。这可能是由于短期内市场被某事件打乱，这导致交易者及大型基金公司卖出黄金白银以使用这部分资金进行保证金交易，投入到其他市场中。这又进一步导致黄金与白银价格的下跌，市场持续走跌。这样一来，市场出现大量黄金白银的买单，而买单数量很少，导致价格迅速下降，全球的市场将被卷入冲突之中，你的交易也不例外。当交易者说"市场状况很混乱"或是新闻报道市场大幅下跌时，你就应该意识到你需要开始决策选择什么样的应对方法了。

选择有两种：甘愿成为牺牲品或是成为独立决策者。选择第一种决策的交易者会在市场中翻跟头，尔后迅速被市场淘汰。而独立决策者将外汇交易当作事业，他们会提前制定计划，知道什么时间应该按兵不动等待市场混乱的结束。如果你相信本书的建议，你会在外汇市场之外还备有其他

第7章 如何使交易思路奏效

流动性资产，你只用部分资金进行外汇交易，并根据资金情况设置保证金余额。

在这种时点，你是自己唯一的客户，也是唯一的外汇资金管理者。在变幻莫测的外汇市场需要保持理智，但这一标准说起来容易，做起来却很难。因此经验丰富的交易者会表现出极强的独立能力以及财务上的自理能力。你不可能消除所有的风险，但是你可以将市场对自己账户的影响降到最低。

别人可能会嘲笑你的紧急方案，但你应该知道你做的是对的。独立决策者不受外界干扰，并为可能到来的市场大幅下跌的情况做好准备。让他们嘲笑吧，因为市场会使那些毫无防备的人损失惨重，而在他们纷纷收到催缴保证金通知时，你却在盈利。

让我们重新回顾2008—2009年的金融危机。坏消息总是传播得很快，而灾难性的消息更像是以光速在传播。黄金市场、股票市场、房地产市场，甚至是央行都面临着巨大的压力。而在这场灾难期间，你不应该让市场情绪把控自己的情绪。将自己看作是合格的外汇基金经理可以帮助你找到合适的投资策略使投资组合免受损失，并保持头寸的流动性，控制风险。

在下行的市场中生存并非不可能，灵活性可以使你的账户重获生机。在账户"冬眠"时期选择另一份工作也能为你带来收入。或许暂时不再将资金投入市场而是休息一下可以帮助你重新分配资金的投资领域并提升财务前景。当然，市场中也有部分交易者会顶风而行，继续增加交易资金。

最后，对于每个人来说，达到财务独立的关键因素都是不同的。并不存在适合于所有人的路径。抽出时间设计一份最适合自己的计划。成为财务独立的人并非想象中那样困难。市场行情惨淡并不意味着你需要将自己的生活质量打折扣，或是对未来财务情况持沮丧态度。抛弃幸福等同于好的市场环境这一观念，管理自己因为市场变化而产生的情绪，你将重新取得控制权。

练习题

1. 90%债券10%外汇的投资组合是增加保守型投资组合的一种较为保守的方法。（　　）

    A. 对

    B. 错

2. 一种简单且保守的投资于外汇市场的方法是（　　）。

    A. 去欧洲时带着现金

    B. 投资于外汇货币基金

    C. 用较低的杠杆进行交易

    D. 用较高的杠杆和较少的保证金进行交易

3. 虚拟账户是在不承担风险的情况下学习如何进行外汇交易最好的方法。（　　）

    A. 对

    B. 错

4. 最好要牢记的是外汇交易应该（　　）。

    A. 符合你的生活方式

    B. 不要在自己难以承担的风险水平上交易

    C. 使你感到快乐

    D. 不会带来过大的压力

    E. 上述所有

5. 一种用外汇交易给自己发薪水的方式是定期从账户中取走一部分收益。（　　）

    A. 对

    B. 错

6. 最好做好____的记录（　　）。

A. 外汇交易中的利息收入

B. 外汇交易中的资本增值

C. 与外汇交易相关的支出

D. 上述所有

7. 外汇交易中快速学习交易技能的方法是（　　）。

A. 长期观察市场变化

B. 频繁交易

C. 持续若干周、若干月、甚至若干年交易

D. 经常在模拟账户中进行交易

E. 上述所有

8. 外汇交易中最好知道如何应对焦虑及压力。（　　）

A. 对

B. 错

9. 进行外汇交易，观察市场，向运营企业一样对待外汇交易会使你（　　）。

A. 获得额外收入

B. 如果你不够细心，则会增加自己的压力

C. 在经济层面有更深入的了解

D. 财务独立

E. 上述所有

10. 最好设计一份紧急计划，因为（　　）。

A. 会让你感到不那么有压力

B. 当市场行情较差时这份紧急计划可以帮助你渡过难关

C. 在金融层面十分有意义

D. 这是获得财务独立能力的一部分

E. 上述所有

第 8 章　如何寻找好的交易机会

在本章中，你将了解到：

- 如何通过阅读新闻获知投资机会
- 短期趋势如何影响投资策略
- 长期趋势如何影响投资策略
- 交易笔记/日历的重要性
- 如何利用市场利空消息获得收益

第8章 如何寻找好的交易机会

如果你注意寻找好的交易机会，那么你会发现你的外汇账户的盈利能力会很强。好的交易机会意味着基本面分析、技术分析或是二者都显示某货币对的价值将朝某方向运动。寻找交易机会需要时间，但影响价值走势的新闻发布频率很快，能对货币价值产生影响的事件发生时快速分析能力能够使你获得收益。

多样化的新闻报道决定不同货币对的价值

在某事件发生时，你需要交易受该事件影响的货币对。该货币对的价值变动为你提供了获利的机会。价值没有任何变化的货币对只会套住你的资金，而且这部分资金还承担风险。

在短期框架或是长期框架下基于信息进行交易都可以为交易者带来收益。通过寻找信息并深入分析这些信息对于市场的含义，你就可以抓住交易机会。

侦查市场的过程可以在空闲时间进行。

寻找交易机会可以在新闻发布几天之前进行，这包括对该笔交易风险的评估以及预期收益水平。寻找交易机会的过程中由于自己的资金没有进行外汇买卖，因此不承担风险，通过合理利用时间，你可以事先设置好自己愿意承担的风险水平，决定好自己的进出时点，或是直接建仓，但进行该笔交易的基础是下一笔投资之前能够收回该笔交易的资金及利润的可能性很大。

有时候你会认为资金最好不要进行外汇买卖，只有在确定某笔交易有可能为你带来合理的回报后才应该交易。

短期内，你可以通过保持账户资金在90%的时间内为现金，而仅用

10%的时间进行交易的方式确保交易的低风险性，这大约相当于每周进行24笔交易。当更少的资金暴露在外汇市场中，你的账户也会相对更加安全。

在你进入下一个交易周时，你需要关注蕴含交易机会的价位。甚至你通过在周六进行基本面分析并观察技术分析图后就可以在下一周开始之前找到交易机会。在新的交易周开始时，情况可能会有所改变——有时候是对你有利的变化——你将对方向性交易更有把握。你可以改变交易对象，将资金投资于另一种出现在新闻中的货币对。或许你会发现在下一交易周某货币及该国经济或成为新闻焦点，而你本周所在新闻中关注的货币对中某货币所在国的经济可能不再被新闻关注。这一情况会首先显现在券商研报以及新闻报道中。当你观察到上述情况时，你可以时刻准备好进行新的交易。

其中一种情况是：在过去一段时间内匈牙利福林相对于瑞士法郎大幅度升值。而有情况称匈牙利福林可能开始相对回落。在仔细查阅相关新闻之后，你认为匈牙利福林/瑞士法郎的市场高点将位于200日均线的峰值，同样你发现由于大量的成交量，市场在目前的价位形成阻力。

在这一典型的情形中，交易者应该考虑以少量资金以及较高的杠杆在下一交易周进行交易。

不断发展的新闻

现在我们观察另一种情形，这种情况中的变量更多。当你在寻找匈牙利福林/瑞士法郎货币对的进入时点时，另一有关美国经济及就业率的新闻正在形成中。这些数字被发布，并且这些数字低于预期。

这一信息可能会导致世界范围内交易者抛出风险资产，由于交易者为脱手风险资产而大量抛售股票，因此美国股市反应强烈。

市场总是瞬息万变，上述情况导致风险资产的魅力大减，澳元、新西

第8章 如何寻找好的交易机会

兰元、瑞典克朗这些货币都会相对于价值更稳定的美元下跌。图8-1显示了澳元/美元与新西兰元/美元两种货币对的价值变化情况，你可以观察到二者的变动方向大致相同。

如果你没有抛售风险资产，那么你应该继续买入风险资产，因为在这种市场环境下风险资产的价位将变得非常低。一种比较受欢迎的交易策略是买入价值波动较大的货币，卖出价值波动较小的货币。换句话说，你应该买入澳元、新西兰元、瑞典克朗，并卖出日元或是美元。值得注意的是，交易者应该在市场对新信息充分反应后，即在风险资产价格充分下跌后再进行买入操作。这样交易者可以以近期市场最低价买入，即抄底。

你应该将原先的长线交易转变为风险较大但收益也较高的短线交易。短线交易对于股市上涨行情有积极反应。众所周知，在重大消息发布后，股票市场会产生剧烈反应，但在此之后，行情会朝其他方向运动一段时间。

这是由于股市交易者通常追求成为低价买入股票的投机者或是高价卖出股票的结利者。然而，有时市场会朝其他方向发展，这种情况下，交易者可以通过建立高风险高收益的头寸获取收益。

在市场出现利空消息时，你可以将总投资的18%—21%通过三种方式分散化投资组合。其中包括建立组合头寸，欧元/瑞士法郎、美元/澳元和美元/瑞典克朗，并将现金总额的6%—7%放入外汇市场。

假设市场对某信息产生负面反应，你所投资的货币对价值会马上下跌。当下跌幅度达到1.25%或是更多时，你就可以继续买进这个货币对了。你不必在市场价位降至最低时买入，但需要在市场改变发展趋势前买入，而趋势的变化是很快的。

一旦加仓结束，快速到达修改订单的页面，设置止盈点为市场上升幅度的0.65%—0.75%之间。这样的止盈设置能为你快速带来收益，并释放该笔交易中的资金。设置完止盈点之后，做一些别的事情，把注意力从交易中移开。

外汇交易入门

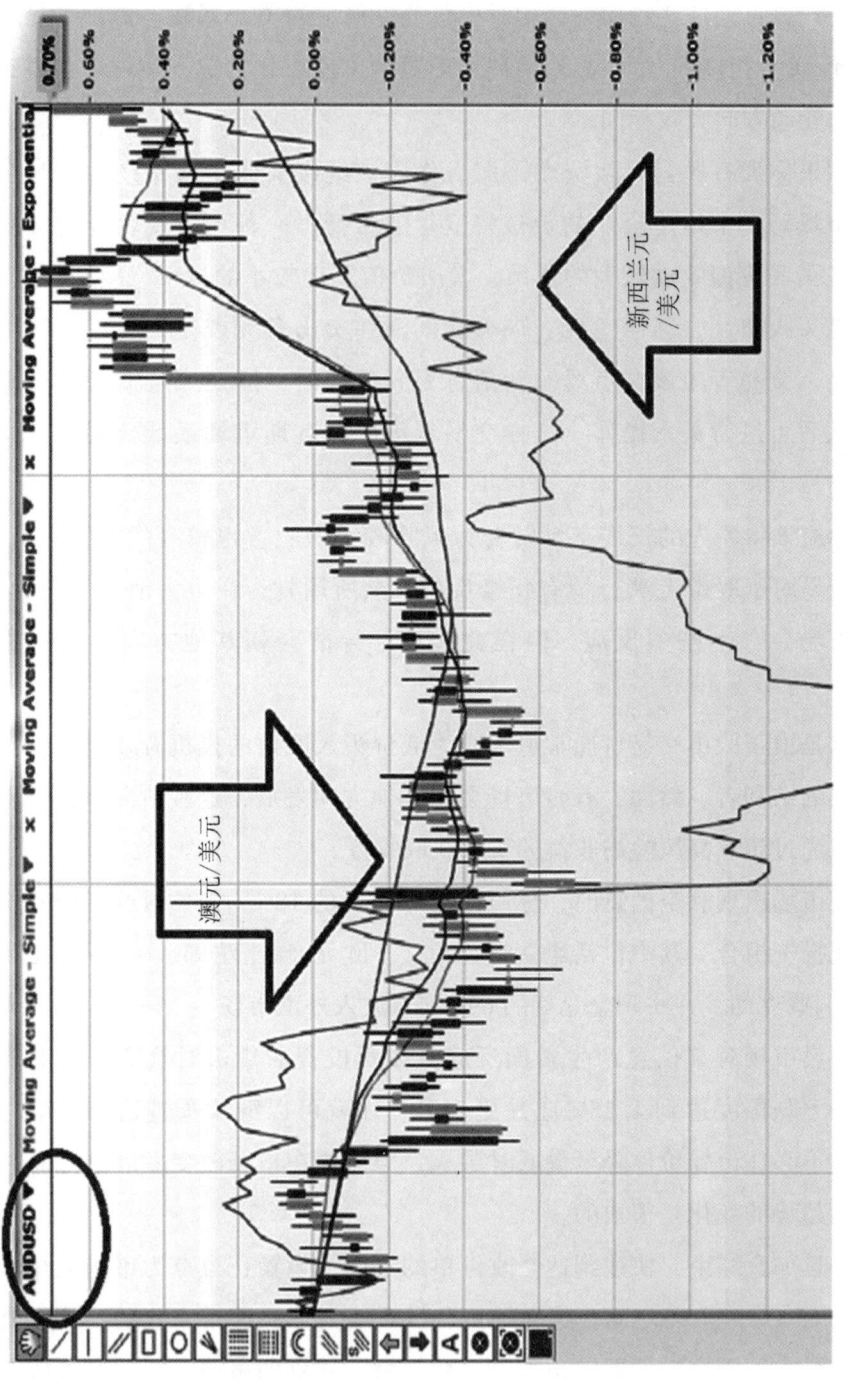

图8-1 澳元/美元货币对、新西兰元/美元货币对汇率走势

你的手动工作已经全部完成了，剩下的工作就由电脑自动为你完成。电脑将在特定的止盈点平仓。

上述案例是寻找交易时机，时刻关注最新消息以及交易中根据新的消息灵活改变策略的一个很好的例子。

市场一定会对信息做出反应

你会发现市场时刻根据新的消息发生变化，在交易时段持续波动。如今国际市场每周六日，每日24小时不间断交易，总有一些新的消息在酝酿，一旦消息进入市场，就会对相关国家的货币价值产生影响。

接下来我们看一下这个例子。

在美国市场及欧洲市场收市之后，亚洲主要货币所在区域可能会产生影响市场的事件。这一事件有可能是中国的经济增长率超过预期，这一消息将影响中国外汇市场以及商品货币的价值，同样会影响中国的贸易伙伴国。

中国经济的正面消息也会影响周边的新兴经济体，进而影响这些国家的货币价值，例如影响东南亚国家货币马币、泰铢及新加坡元的价值。

为什么会这样呢？这是由于中国将一些轻工业外包给东南亚国家，当欧洲及美国向中国支付货物的款项时，这部分资金同样会流入上述东南亚国家，作为劳务外包的费用。

另外，中国超预期的经济发展会导致未来对铜、钢、羊毛、棉花等原材料的需求大幅上升，出口这些原材料的国家的货币价值也会受到影响。这样一来，中国的经济发展将会影响到商品出口国的经济。这包括新西兰、澳大利亚以及印度尼西亚等国，其中印度尼西亚主要出口铜。而由于在航运方面的独特优势，新加坡的经济也会被影响。

有时候，有些新闻刻意在高峰交易时段过去之后才发布，例如在晚5点至晚7点之间。这样做的主要目的是为了使外汇交易者在相对平静的市场环境中研究新闻中包含的新信息。这同样说明信息可以作为调节市场的一种手段。

其他时间，消息都会在特定时间发布，例如央行定期发布的公告以及提前确定时间的重大会议。几乎所有外汇交易中涉及的货币都有一个英文网站并且管理该货币的主体会更新网站内容。其中包括匈牙利国家银行、新西兰央行、瑞典央行等。这些主体会在网站上公布经济数字，利率调整以及有关经济或是未来发展方向的官方公告。

如果你正在参与某货币对的交易，你应该时常关注这些网站发布的信息，并熟悉公告背后的经济意义。

使用交易日历

市场对信息的反应体现在价格上，而反应的时点可能在任何时刻，因此你应该使用交易日历以记录可能对你所交易的货币对价值产生影响的信息出现的时间以及确实对货币对价值产生影响的时间。这可以使你明确了解信息对价格的影响进程并估计市场反应速度。

应该被记入交易日历的一条重要信息是未来央行公布利率调整的日期。你应该在关注市场的同时在交易日历上做上记号，提醒自己这个重要的日子。例如在你的日历上标注美联储公布劳工报告或是其他能够影响你所交易的货币或是未来打算交易的货币价值的新消息公告日期。

除了标注即将公布数据的日期，交易日历还可以记录某货币对的市场情绪变动。如果你持续参与某货币对的交易并且这一货币对中有一种货币的价值波动较大，那么你可以在交易日历中记录交易者这一货币对的市场评论。

交易者应该在交易日历中记录的另一信息是经纪商推荐的交易在长期及短期内的变化情况以及在某经济数据公布后价值的变化。同时你也应该将有关股票市场的市场预期以及各种领先指标记录在内。

第8章 如何寻找好的交易机会

如果你已经准备好建仓，你可以参考交易日历，把它当作你个人对某货币对情绪的记录。

就像市场会对不同的信息产生反应，你作为外汇交易者也应当对信息产生反应，尤其是你在参与交易时更应该保持警觉。作为交易者，喜欢自己所交易的货币对是常有的事，有时候甚至是拖延进入市场的时点只为体验买家懊悔的感受。

不用担心，这是很正常的。

许多人建议在某交易亏损时平仓退出，而没办法持有到这一头寸成为一笔投资。但在你平仓之前，在交易日历中查看一下这笔交易价值的变动情况。然后你可能会发现现在就平仓可能过早了一些。在平仓后的几分钟内觉得后悔是件让人很难承受的事。

这就引出了接下来的一条建议：不要因为繁忙或者情感发生波动就平仓。最好是通过交易软件设置退出时点，经过练习你会逐渐适应这种方式，不久后你就可以通过基本面分析、技术分析基于理性而非情绪变化进行交易了。

任何你想要交易的时间，你都要面对因各种消息而不断变动的市场。这是把双刃剑：市场的不断变化是好事，但是变化的方向有两个：上或下。记住这一点，你就可以做到在有很大把握的情况下才下单，同时也基于理性分析决定退出时点。

一段时间之后，你会开始适应使用交易日历，并逐渐转化成将交易日历当作新闻杂志使用。这样做可以使你清楚地了解与你交易的货币对相关的新闻是如何发展的，这一过程需要几个月的时间还是短短的几周时间。根据之前市场对某发展中的新闻的反应状况，交易日历能够帮助你对未来市场的波动方向进行较为准确的预测。然后在重新审视之后，你会发现市场情绪有所改变，你应该把这个发现记录下来，这个过程就是记录历史交易情况的过程，做到这些之后你就可以问自己几个问题。

其中一个是："我是否是像市场一样对新信息产生反应，还是我只是像只羊一样追随大众？"

你会想问自己："之前类似市场情形中货币对价值是如何变动的？"

另一个你会想问自己的问题是："我的交易目前收益情况并不好，我正在面临损失。市场会不会反弹使我这笔交易达到盈亏平衡甚至是盈利的状态呢？"

这些都是十分重要的问题，回答这些问题的方法就是借助交易日历帮助你了解事件未来可能的发展方向，在方向形成之前就预测到，进而使交易盈利。

交易日历同样能够帮助你决策退出时点。

根据信息进行交易

在交易时交易者一定有许多渠道获取有关外汇交易的最新信息，有些被大众所熟知的渠道有经济学人（Economist）、市场观察（MarketWatch）、华尔街日报（Wall Street Journal），这些杂志报纸每日更新有关于世界经济的报道。这些报道将会影响交易者对世界资本流动方向、地区经济发展速率以及某国家央行对利率的调整方向的预测。

学习、阅读有关世界经济以及交易市场的报道是需要长期坚持的行为。但是这一过程会变得越来越轻松。随着时间的积累，你会发现事件的发展都是相互关联的。你会在看到世界某一地区发生的事件后马上反应这一事件会如何影响世界另一地区的发展，尤其是经济事件更是具备这样的传染性。当然，如果报道中的专业术语或是思想过于晦涩，不必烦恼，技能都是在不断接触新事物中获得的。如果你每天都会学习新的知识，关注市场动态，你自然而然会进步。

经济新闻可能会导致特定的外汇市场反应，货币对的价值也会根据货币发行国以及该国贸易伙伴国的经济变化而变化。牢记这一点可以帮助你在新闻发布之前就预测到形势并相应进行外汇交易。

第 8 章　如何寻找好的交易机会

一种有效的方法是通过订阅新闻推送。你会发现经纪商会推荐客户订阅几个新闻推送服务。经纪商同样允许你在交易平台上打开新闻推送窗口，这样你就可以迅速获取新闻资讯了。

经过长时间的观察，你会发现新闻确实与交易者的关系密切。这同样有助于交易者进行基本面分析与技术分析。

最后，只有结合基本面分析、技术分析以及新信息才能使你的交易处于不败之地，在统计层面而言，关注新闻可以使你的交易的获利可能性增加，不论交易是长期、中期还是短期的。

值得注意的是，许多因素都会导致货币对价值的上下浮动。例如宏观层面的事件例如全球经济危机或是只影响某国的危机。无论消息是重大利好或是重大利空，经济层面的信息都至少可以影响你所交易的货币对中的一种货币。

这种事件发生时，还会有大量的关于其他的新闻报道，例如某国家领导所做的演讲，某地方发生了海啸或是街头斗殴事件。而无论什么类型的事件发生，通过如今的网络系统都会很快地传播。

无论你是否认同这种快速的传播，人们都还会对新的信息做出反应。你可能听说过"新闻至上"，事实也确实是这样的。

一种了解能够影响你所交易的澳元/美元货币对价值的所有因素的方式是浏览澳大利亚央行的网站。你同样可以浏览券商研报并时刻关注市场动态。你也可以同时关注市场波动性指数 VIX。

下面的例子将向你展示在交易前应该关注的内容。

在先前两期内，澳大利亚央行没有提高利率。

在两周后澳大利亚央行安排了会议。

券商研报中预测在两周后的会议上澳大利亚央行将把利率水平提高 0.25%。

根据新西兰央行之前会议中的决定，新西兰元的利率正在上升。

外汇交易入门

全球股票市场回暖，瑞典克朗相对欧元升值，这说明风险偏好提升。

VIX指标下滑，这说明市场处于较为平静的状态，交易者并未因风险偏好的提升而产生恐慌。

在查看了交易笔记，观察到风险偏好上升趋势以及澳大利亚央行提升利率的可能性后，你决定做多澳元/美元货币对，如果澳元相对美元升值，那么你就会获得交易利润。你同样意识到如果股市行情继续上升，风险资产会进一步受到交易者的青睐，再加上澳大利亚提高利率的决策，持多头的澳元/美元同样会使你获得交易利润。

利空消息下的交易策略

现在我们将关注的焦点放在你另一笔交易上：一笔小额的长线交易。这笔交易可能占你投资组合的7%，这笔交易是一笔套利交易，在澳大利亚央行决策提高利率的会议前建仓。这笔交易中你将获得资本增值。

该笔交易的杠杆率设置为50∶1，你将持有两周。由于做多的货币比做空的货币支付更高的利率，因此你可以通过做多澳元做空美元获得利差收益。

你所获得的利差收益每天晚上都会转入你的账户中，复利计算的利息可以使你迅速积累收益。交易的复利可以用秒来计算，这不同于其他经常被使用的月复利或是季复利的算法。做多澳元/美元是相对风险较高的交易，市场风险偏好越强，这组货币对的价值提升越快。

虽然上述分析逻辑性很强，但市场并不总按常理出牌。正如你所了解的那样，事件会在突然之间发生，许多因素会导致市场的迅速变化。交易者可能会突然因为某事件陷入恐慌，迅速抛售风险资产。

譬如美国东岸的暴风雪可能会导致纽约本土交易者不再参与市场交易。或许在欧洲国家报道出了负面新闻。总而言之，市场可能不再按你预期的趋势发展，交易者可能会开始纷纷买入安全性较高的美元。

第8章 如何寻找好的交易机会

另一方面而言，你也可以在利空澳元的事件发生之后以低价位加仓。

在养成关注新闻的习惯后，你可以及时了解你的交易面临的市场环境。这也能使你迅速发现交易机会。在上述例子中，澳大利亚央行仍可能决定提高利率，因为银行家通常是以较长远的眼光看待问题，而新闻报道是基于短线视角。

从这其中你可以学到一些经验：作为外汇交易者，你会发现暂时离开交易市场时常是件好事。如果你使用精细的交易策略以及自动的盈利点以及止损止盈点，那么你就可以暂时离开外汇市场交易，其余工作交给电脑和软件完成。重要的是不要成为没有耐心的交易者，同时也不要成为过度关心的交易者。让交易软件为你工作。

永远要记得将最初的发现记录在交易日志中。实时关注新闻可以使你了解潜在的交易机会并在合适时机建仓。

或许你会使用风险管理策略在未来几天分步建仓，然后将止盈点设置为比均价高1%的水平上。现在你就又可以在接下来的几天离开交易界面了。你只需要通过手机或是平板电脑关注澳元/美元的价格走势，查阅货币基金及远期外汇的行情。当时机成熟，你的电脑会自动帮助你平仓。

一定要有耐心，相信这笔交易一定可以成功。不要担心澳元，因为依据历史情况来看，它的价值一定能够反弹。耐心等待并相信你所有的努力将为你带来丰厚的回报。剩下来的就由市场完成。

新闻快速及慢速发展

一个交易获利的秘密是根据事件的发展方向安排交易进程。换句话说，如果一天中发生的事件都是有利于股票市场的，那么风险水平较高的交易会受到交易者的青睐。这同样适用于坏消息：当发生利空股票市场的事件，那么交易者会纷纷持有风险水平较低的头寸。在这种市场环境中，任何的套利交易以及高收益型货币的价值都会下跌，相对的，利率较低的货币以及增长率保持平稳的国家的货币会相对升值。有时，事件发生得很快，而有时事件的进展很缓慢。但是，无论发生发展得快慢，如果你能够在事件还未结束之前预测到发展方向，那么你就会是获利的一方。

利率变动

现在你已经了解新信息可以使市场产生变动，你也了解了影响市场的事件可能会很快发生，或是按特定的步骤发生，亦或是进展很缓慢。快速发生的事件包括调整利率的声明，声明一旦发布，货币对价值会迅速变动。在货币对中，一种货币的价值将在调整利率的声明发布后发生变化。图8-2显示了瑞典克朗的收益率及标普500指数收益率间的关系。

如果你足够关心市场，你会预测到利率调整的声明。央行在发布声明前会安排许多伏笔。你可以通过浏览央行网站了解声明发布的时间安排。

如果你认为股票市场行情将会下跌，并且你持有多头的欧元/瑞典克朗，那么浏览瑞典央行的网站（http://www.riksbank.com）看本周末是否有关于利率调整的声明即将发布。这可以帮助你决策交易进出市场的时点，使你的交易有条理地进行。如果本周末将会发布有关利率调整的声明，你就要格外注意了，在你的交易日历上需要进行标注。最起码你需要保证账户中有足够的保证金，以致于在瑞典央行决定提高回购利率的声明发布时能够经受住市场的下跌。如果瑞典央行确实提高利率，那么这将影响你的货币对的价格，导致收益的减少。

另一个预防损失的交易方法是使用大量的保证金加仓购买处于浮动亏损的货币对，这将降低你买入的平均成本。你将在市场反弹时平仓。

第 8 章 如何寻找好的交易机会

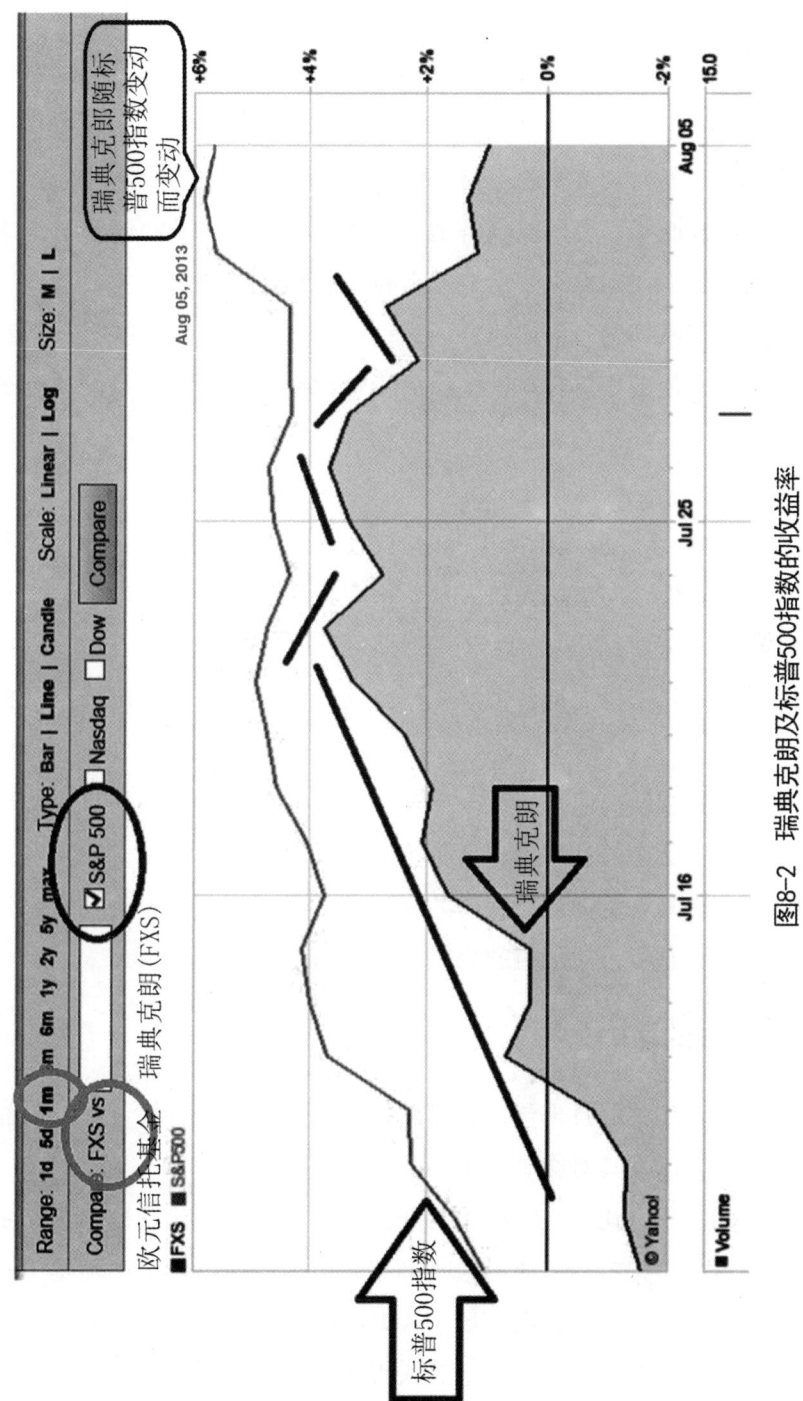

图8-2 瑞典克朗及标普500指数的收益率

这样建仓可以使你在股票市场行情下滑以及瑞典克朗价值同时下滑时保住部分资金。当然这只是一个例子,事实上平均化成本的思想适用于任何货币对。

对于外汇交易,利率的改变是决定货币对公允价值的很重要的一个因素,因为利率反映了一个国家经济增长的速度。一个国家的经济增长率比其他国家高,那么该国家很有可能提高利率水平以调控经济。

相反的,当某国的经济增速开始放缓,那么该国央行可能会降低利率或是以其他方式使借贷更容易发生。央行希望通过这样的政策推动经济的增长。

下面就举一个这样的例子。

为应对2008年经济危机所推出的四轮量化宽松举措中,央行持续向银行系统注入流动性,向市场投放大量货币。许多人开始忧心未来的通胀问题,同时认为未来商品市场中将存在大量投机者。上述情况是偶发情况,并不常见,但同样值得交易者关注,研究这些事件如何影响市场以及自己的头寸。

现在我们把视线拉回来,看一下自己交易的货币对。如果某声明改变了货币对中某种货币的利率,那么货币对的价值会发生变动。通常情况下是较低的利率会降得更低,而较高的利率会升得更高。而无论利率如何变化,最终结果都是货币对价值的变化。

经济公告的影响

与利率变动相关的公告包括前面所提到的量化宽松,接下来会向您介绍更广义的定义以及其对交易的影响。

近段时间以来量化宽松常称为新闻关注的焦点,量化宽松的含义主要是指中央银行在实行零利率或近似零利率政策后,通过购买国债等中长期债券,增加基础货币供给,向市场注入大量流动性资金的干预方式。

央行或是财政部在公开市场上买入大量的债券,这一行为的结果是增加了基础货币的供给。

第8章 如何寻找好的交易机会

这其实很好理解：假设价值1000美元的债券流通在外，某银行现在正持有该债券，而央行或是财政部从公开市场买回这一债券。那么这张债券就会显示在财政部的资产负债表上，而银行获得1000美元的现金。作为金融中介以及自身的盈利，银行会将这1000美元借给需要资金的客户。该债务人会消费这1000美元，而提供商品或是服务的人会将这1000美元的收入存入银行。而由于银行需遵循准备金制度，这1000美元中部分需要留在银行，而剩余的部分可以继续进行借贷。

在第二轮借贷中，资金会被消费而后继续被存入银行。同样由于准备金制度，一部分资金留在银行，剩余部分又将借出。现在你可以看出来模式了：这个过程是不断循环的。

观察量化宽松政策所带来的效果是很有趣的，在2008—2009年金融危机之后，美国政府大力推动量化宽松政策的实施，世界上主要的经济体也开始实行量化宽松政策。正如预期的那样，世界上主要的经济体买入的债券数量最大，这些经济体包括欧洲、日本、英国和美国，然后这些经济体再使用这些债券在市场上进行交易。

但是人们对量化宽松是否会为世界经济带来令人满意的结果还并非十分肯定。这是个有趣的问题并且人们心中的答案各不相同。从美国第三轮量化宽松政策（QE3）起，美国经济便停滞不前，美元也开始相对其他国家货币贬值。

这一情况导致人们对大量投放的基础货币以及庞大的债务关系感到忧虑。在2011年夏天，美国主权信用评级从原先的AAA下调至AA。这一下调所引发的后果还未显现，但是在该消息发布之前、发布之中以及发布之后，外汇市场中投资者纷纷抛售美元。

让我们研究一下如何在能够影响交易者外汇头寸价值的新闻发布时利用某国面临的债务问题获利的例子。经济公告发布的时间通常是提前确定的，交易者需要第一时间掌握这些时点并为可能出现的糟糕状况做打算。另一方面，如果利空消息持续发酵并导致市场脱离正常的周期，那么很有可能货币价值将会在未来反弹。注意这一点并思考是否买入这一遭受重创的货币，以便于在未来卖出平仓，获得收益。

地缘政治新闻

除了迅速发生或是进展缓慢的新闻，另一类能影响货币对价值的新闻是地缘政治新闻。这类新闻不仅仅是关于资金或是货币的新闻，也包括自然灾害如地震、海啸、暴风雪以及这些自然灾害所带来的重大损失的新闻。

其他的地缘政治新闻可能包括人质劫持案件、武装入侵或是战争。这些事件持续的时间会很长，发生的地点有可能是其他国家、与美国关系密切的国家或是本国。

上述事件的发生势必会引发外汇市场的混乱，并且混乱可能会持续到事件结束时才会停止。在此期间，交易者最好不要参与交易，因为货币对价值会面临大幅的波动并且之前使用的估值模型可能也不再适用。

不要为此感到担忧，因为这种事情你也无能为力，你需要把心思从这上面移开。

有时你可能会早上醒来发现昨晚有一条重大新闻并且你在突发事件发生前进行了隔夜交易。结果有可能是你获得了很好的收益，也可能是导致大量的亏损。如果你的交易十分成功，那么就快速平仓并暂时离开外汇市场，你是幸运的，因为没有人能预测到这件事的发生。而且你知道俗话说"每一个输家都会对应一个赢家"。如果你有重大的损失，那么耐心等待这一糟糕状况的自我恢复。时常查阅货币对的情况，总有一天它会修正。

需要注意的是，学习外汇交易的一部分即是了解在什么时间平仓。如果你发现自己的头寸正在面临越来越大的损失，你需要决定是立即平仓还是等待趋势的反转。这笔交易后你需要等几天再操作新的交易。

或许你持有长线交易，但是现在你发现自己的头寸处于浮动损失的状态。在想要仓促平仓接受损失之前，仔细查阅券商研报。如果你有一位可以信赖的经纪人，咨询一下他的意见，他或许对你如何处理目前的头寸有一些好的建议。他甚至会建议你在现在较低的价位上加仓也说不定。

第8章 如何寻找好的交易机会

无论如何，慎重进行决策。

在市场崩溃时的应对措施

你会发现市场风险偏好会根据各种不同的事情发生改变，并且交易者也会根据市场变化相应调整交易策略。此时最好的交易策略是提前预测到什么货币对的价值会因市场偏好的改变而变化。所以你应该对市场风险偏好的变化或是将要发生的变化保持警觉。

先不理会原因，你应该回过头来看一下自己的交易头寸。

当市场突然变化时你可能做多澳元/美元同时做空欧元/瑞典克朗，这样的头寸组合会为你带来损失（本书中多使用固定的几种货币对作为例子，因为这些货币对相对比较好交易，并且交易量很大，受到事件影响的概率也很大，这便于预测未来的走势）。如果你始终使用较少的保证金进行交易，那么市场出现对你不利的行情也不会使你迅速地被催缴保证金或是强制平仓。外加一些风险管理手段，即使在市场行情对你十分不利的情况下仍能保证账户的流动性。

在这种市场环境下，你的头寸由风险资产组成，包括做空欧元/瑞典克朗，做多澳元/美元。一种应对方法是继续加仓。

你的第一笔澳元/美元是以 102 的价位买入的，在市场出现对你不利的行情时，这个货币对的市场价位跌至 97.75 美元。你会发现你可以以更低的价格买入支付更高利率的货币。你可以先考虑将交易规模扩大多少合适，然后将头寸增加至原先的两倍或是三倍。当足够多的交易者在低位买入形成支撑后，价格运动趋势很有可能发生变化，由于你在低价位加仓，因此交易获利的可能性增加。

但不要忘记，市场仍会反弹回来。支付高利息的货币例如澳元、加拿大元或是新西兰元的价值可能会进一步下跌，可能被市场低估。在这种情况下，你可以买入更多的上述货币。

在这种市场环境中，尽可能多地买入被市场低估的货币是明智的选择。在等待市场改变趋势的同时，你还可以获得这些国家支付的高利率。

如果你将杠杆率设置为50∶1，账户仓位可以增加三分之一或是五分之二。除了资本增值之外，每年你还能收获70%—90%的利息收益。

上述例子展示了应对市场中发生的事件利空自己头寸的方法。如果你能正确地调整头寸，那么你将渡过难关。当这种市场环境出现时，顺势而为，加仓等待市场趋势的改变或是转而成为套利交易者。

在市场行情不利于你时也保持冷静，尽可能挽救交易，许多交易者理解在行情不利时也可以找到转机。你可以继续增加头寸规模，转而成为套利交易者或是成为市场中的持有风险资产的逆向投资者。

在你持有的头寸中或许有一些处于亏损状态，或许你应该平仓并用这些交易中的资金转而投向其他货币对的交易中。例如，你现在持有欧元/美元、澳元/美元的多头，同时持有欧元/瑞典克朗的空头。由于市场情绪转为风险厌恶，那么这些头寸的价值都将下跌，那么你可能会将损失较小的欧元/瑞典克朗及英镑/美元的头寸平掉，然后用这些资金继续做多澳元/美元。

如果因希望避免催交保证金通知而调低杠杆率也是可以的，损失一些钱是可以承受的，并且你可以在市场反弹时再使用较高的杠杆率迅速积累收益。

另外，就目前情况分析市场扭曲的情况可能会出现，这种情况下，交易者的第一选择应该是买入恢复公允价值可能性较大的货币。澳元/美元在近些年走势良好，并且这一趋势在未来也可能会持续下去。

在艰难的时期最好考虑一些传统的交易，许多交易者也会这么做，这样你就可以从那些后进入传统交易市场的人手中获得收益了。

外汇以及羊群心理

当交易者推动市场持续上升多达数周时，市场很有可能会面临增速放缓或是反转的情形。需要牢记的一点是，外汇市场与经济增长密切相关，有些经济区域的增长率持续上升，有些地区则面临增速放缓或是出现下滑，这种大环境最适合进行外汇交易。

为什么呢？那是因为增速放缓或是面临下滑的经济体的利率通常会保持不变，而经济持续上涨的国家的利率通常会上调，以避免经济过热带来的危害，上述情况有利于交易者进行交易。

另一方面，全球股市的上涨也会导致经济的上升，世界上各种股票指数如巴黎 CAC40 指数、德国 DAX 指数、道琼斯 30 指数以及富时 100 指数的不稳定运动代表了全球交易者对经济体的经济状况所持有的观点。

所有的交易者由于接触到同样的技术图表以及信息，因此对市场可能的变动预测一致，做出的决策也一致。不要忘记，需要大量的股市参与者同样方向的交易才会使价格上下变动，同时需要许多期权交易者参与市场卖出股票及股指期权才可能使市场下跌2%—4%。

或许通过研究图表以及各种新闻事件，你认为经济将开始放缓。为证实这一预测的正确性，你可以将一些长线交易用于探测目前市场状况。你可以持有多头欧元/瑞典克朗，空头澳元/美元或是多头美元/欧元，这些头寸都可以在股市上升趋势变缓时获得收益。

或许你预测全球市场在经历了重创之后已经准备开始回升了。如果上述预测很可能成为事实，你应该成为市场中的逆向交易者，持有对好消息产生正向反应的头寸。

学习如何选择交易的货币对中重要的一点是买入高于平均增长率国家的货币，做空的货币选择低于平均增长率国家的货币。外汇交易的基本原则是：外汇交易就是与利率和增长率相关的交易。

对已经在进行外汇交易的人来说，他们时刻关注着与自己持有头寸相关的国家的利率与经济运行状况改变后的市场行情。货币对间会存在受欢迎程度的差别，这会引发交易者的短线交易或是套利交易。

让我们观察两笔交易，两笔交易的货币对中都有一种货币的发行国经济迅速增长而另一种货币的发行国经济增长缓慢，但是更受交易者欢迎的货币对会是能为交易者带来更多收益的投资产品。

你可以通过做多南非兰特，做空美元，同时做多澳元，做空美元。你会发现澳元/美元的多头会为你带来更多的收益，因为许多交易者同样会选择买入澳元卖出美元，推动澳元相对美元进一步升值。

规模较小并长线持有的头寸以及长远战略

你认为不论向上或是向下，市场在一段时间内将朝一个方向运动。此时你可以通过长线交易获得趋势交易所带来的收益。

在这种情况下，进行长线交易是明智的选择。最好是持有国民较小但杠杆率很高的头寸，如果市场在短期内朝不利于你的方向发展但你坚信市场会马上修正，较少的资金投入也允许你在更低的价位加仓。

如果市场朝一个方向的运动已经持续了很多天，那么你应该迅速平仓结利。你已经知道市场的趋势，也了解仓位保持三分之一的原则，你应该将保证金分成好几份，在市场趋势发生变化的开端建仓——这通常适用于短线交易。

值得思考的问题是：如何认定市场的拐点？

最佳的方式是基于基本面指标及技术指标进行判断。或许你认为还需要关注例如 CNBC 类播报的金融新闻，但这些报道在市场处于超买状态并注定会大幅下跌时会十分混乱。

需要牢记的是使用越少的保证金加仓，风险越低，例如交易者可以只使用 1/20 的保证金加仓。加仓时要保持沉稳，并确保在市场变动时保持账户的流动性。

很重要的一点是：确保自己有足够多的保证金面对市场的动荡。当获得收益时，账户中的保证金会增加，相应的发生损失时，账户保证金会减少。

当市场变动到某一水平，你可能会接收到催缴保证金通知，如果无法追缴保证金，交易者就会被强制平仓，浮动亏损也会变成现实的亏损。穿仓的可能性也是存在的。为了避免上述情况，不要将仓位保持在高位，足够的保证金是自由进行交易的前提。

另外，如果你是在缓慢的节奏下身陷上述情形，你可以进行其他操作降低损失风险。最好的方法是采用下行保护策略，另一种比较一般的方法是在市场有可能转而暴跌的时候设置较小的止损止盈区间。

上述方法都能减少可能的损失。

在缓慢加仓时应尽量运用上述策略避免在不利的行情中获得巨大的损失，这样可以在市场走势对你不利时保住部分资金。一种应对方法是平均化成本。

举个例子，在建仓时交易者可以选择买入100单位的合约，然后在接下来的时间中持续关注市场走势，如果行情造成头寸浮动亏损，你可以根据损失的程度相应加仓。比如浮动亏损比较惨重，你可以再买入100单位的合约，如果不那么惨重，就再只买入25单位的合约。

这一加仓方法被称为逢低买进，在市场反弹时能够使账户盈利。

如果你将买入时点分为10—15个并且在连续几天中进行买入操作，然后市场还在下跌，你有充足的保证金以避免催缴保证金。但如果你认为市场将在近期反弹你仍会持续加仓，你需要注意避免头寸的过分暴露，一笔交易的仓位不能超过40%。

如果三天后你发现市场原本不利于你的趋势的运动开始放缓，那么你应该深呼吸然后暂时不再关心外汇市场的交易。做一些其他的事情比如说进行一些平时喜欢的运动。你需要知道的仅仅是你做了一笔好的交易，不需要过分的担心。你可以把这笔交易设定为中长线的交易。

如果你需要让自己更安心，那么你可以设置止盈点，避免自己无法及时平仓。这种方法的优点在于将接下来的工作交给电脑和软件。外汇交易中的一个关键点就是不要过度交易。在合适的时机建仓，并且在收益未达到理想的水平时不要平仓。

把一切按顺序组合起来

到现在为止，你已经开立了外汇交易账户并且能够通过基本面分析与技术分析找到适合交易的货币对。上述过程你已经基本掌握了，接下来需要学习的是如何交易。

你将了解如何将资金按用途分类，分别投资于隔夜交易、超短线交易和长期套利交易。现在你同样可以尝试对冲交易或是在市场处于风险厌恶情绪中交易获利。

不同用途的资金

在外汇账户中，保证金按用途被分成若干份，首先最重要的一部分是现金。相比于股票交易或是投资于共同基金，在外汇交易中你需要更多的保证金，因为外汇交易有高杠杆的特性。

外汇账户中需要60%—70%的保证金以避免头寸面临浮动亏损时被催缴保证金或是被强制平仓。但即使是在账户25%的资金始终保持流动性的状态下外汇交易者仍可以保持很好的收益率。

如果账户余额有2000美元，那么你可以用其中的500美元进行交易。在杠杆率设定为50∶1的前提下，你的交易规模相当于25000美元。使用较为保守的交易策略你也可以每周盈利500—1000美元。

开始的时候，你需要为自己每周的盈利额设定一个目标。如果你能够轻松实现目标，那么交易将为你带来自信并且在收益不断返还回你的账户中时你会感到十分开心。在刚开始时设定保守的目标还能够使你避免过度交易。

账户中另外25%的资金用于超短线交易或是刷单交易，每笔交易持有时间保持在10分钟左右。这种交易策略能为你带来巨额的收益，但进行这类交易面临的挑战是多数货币对在短时间内的上下波幅是很小的。

为获得目标的收益水平，交易者需要每天使用账户中25%的保证金进行多笔交易。

第三块资金将被投入隔夜交易市场中，这只需要占用保证金的10%，甚至可以只使用7.5%。只占用如此少量资金的原因是因为这类交易中需要设置较高的止盈点，这意味着只有在该笔交易达到较高的收益水平后系

第8章 如何寻找好的交易机会

统才会自动平仓，同时只有少量的资金承担风险。了解如何设置止盈点十分简单，只需要在下单时在软件中输入就可以了。止盈点可以被设置为具体价位水平，这样便于交易者直观了解希望从该笔收益中获利多少。止损点也是这样设置的，便于交易者直观了解损失的大小。隔夜交易中货币对的变动幅度相对较大，因此较小的头寸也能为你带来不错的收益。

- 最后一笔资金将被分配给套利交易，由于利差收入往往比较少，因此套利交易的持有期一般会达到数周或是几个月。由于长期占有资金，因此套利交易在外汇交易的资金中所占比例较小，一般是3%—5%。通过设置50∶1的杠杆和长期的持有，交易者同样可以获得不错的收入。

短期交易与快速获利

交易应该承担的风险与你操作该笔交易的时间成正比。如果一笔交易仅持续1—2分钟，那么你应该减少这笔交易的风险暴露水平。需要注意的是货币对在短期时间框架下并不会产生大幅的波动。然而你需要在外汇交易中获利，因此你需要投入大量的资金进行短线交易。另外，由于这些交易属于短线交易，因此每次只应进行一两笔。

如果你担心资金面临风险，那么不进入市场就可以减轻这种担心的情绪。即使你进入市场，那么5—10分钟的交易也不会为你带来巨大的损失，毕竟市场在很短的时间内不会产生巨大的变化。

因此短线交易的好处是交易者可以在控制风险的前提下获得快速收益。你可以只关注几种货币对，例如欧元/瑞士法郎、澳元/美元、新西兰元/美元。这些交易最适合在市场不是十分活跃时进行，这种时候你可以在家里进行买卖操作。

你会发现进行上述类型的交易将会变成一种消遣或是晚上的活动，并且这一时间段恰巧适合进行短线交易。

如果上述内容激发了你的兴趣，那么你务必要尝试这种交易方式，但需要注意的是，不要同时进行两笔及以上的操作，每笔交易占用的保证金也控制在25%—33%之间。并且在该类型的交易中，交易者不必关心货币

外汇交易入门

对价值的长期趋势。

另一个能够帮助你进行短线交易的工具是 1 分钟或 5 分钟图。这些技术分析图能够帮助你观测市场的短期变化。

刷单交易

熟练操作外汇交易的一种方法是进行刷单交易，快速建仓并在价格出现波动后迅速平仓。

通常情况下交易者都可以迅速感知价格的快速变动，你可以在这种情况下迅速下单，并在价格开始另一轮波动前迅速平仓。

同样，进行这样方式的交易通常是在忙碌的一天结束后，打开电脑，喝一杯冷饮，然后坐下来盯着电脑观察货币对价格走势。整个交易过程可能会持续很长时间，但你会看到努力带来的收获的。

让我们再次以澳元/美元为例，同样不要忘记在交易软件中打开 1 分钟图或是 5 分钟图。这样你就可以知道亚洲市场，例如悉尼市场或是东京市场的走向了，因为此时已经是这些地区开市的时间了。

另外要注意的是要将不同时间周期的图标结合起来使用，将长周期图标、中周期图标及短周期图标结合起来观察更有利于投资者进行准确的决策，帮助交易者了解长期趋势及短期波动状况。

你有时会发现技术分析图并没有发生什么变动，你开始疑惑是否市场中的交易者还未开始进行交易，但你不必担心，马上你就会看到技术分析图开始出现上下波动。总体而言，交易量并不一定很大，但足够你观察澳元/美元货币对价格的变动情况。

现在你就可以开始准备交易了。打开下单的窗口，确保只使用保证金的 25% 进行交易。然后将光标放置于"下单"处并等待。

为什么要等待呢？因为你需要在恰当的时点下单。交易就像是一场等待的游戏，即使是短线交易也是如此。不必担心，好的时机总会到来。这一时机就是价格较为明显的变动，无论方向如何。

由于这一时间段的交易所引发的价格变动幅度很小，你可能等了好几

第 8 章　如何寻找好的交易机会

分钟还是没有发现有人下单，但这种情况是会改变的。当你使用 5 秒或是 15 秒技术分析图时可能发现图中会出现水平线，这意味着市场中没有交易进行。时间周期更长的技术分析图（1 分钟图及 5 分钟图）需要更长的时间才会更新，但一旦更新，你会发现价格有大的波动。

然后，世界各地的交易者开始认为是时候下单了。没人愿意第一个进行交易，你所参与的是一场跟等待相关的游戏。你也已经做好准备工作就差点击"下单"指令了，只需要等到合适的交易时机你就可以投身到这场游戏中了。

交易者看到价格已经开始波动了，但你应该等到价格波动更频繁并且更明显的时候再进行交易。一旦达到上述条件，你就应该下单，当价格朝一个趋势快速变动，你就可以平仓了。

做好准备并快速交易是关键。

这种交易方法应该在市场停滞或是变动放缓的时候使用，也可以在你预测可以轻松获得收益的时候使用。当价格变动停止后，你就应该毫不犹豫地平仓了。

当你获得预期收益之后也应该迅速平仓结利，好好享受获得的利润。但只有你知道这是否是你理想的收益水平并且是否应该平仓。

需要牢记的一点是：当你在进行上述操作时，你应该感到快乐，如果你不能体会到其中的乐趣，那就先不要交易，先思考怎样才能享受这个过程最重要。

你希望将这些与你爱的人分享吗？你希望找到一同交易的伙伴并相互激发交易中的灵感吗？其实你可以赋予这项活动更多的内容，避免使自己仅仅感受这是一项赚钱的家务。

参与隔夜交易

在交易时间段内，除了部分现金，你将资金多投向上述的交易中，甚至还会有一部分资金允许你参与其他的投资。一种领域就是隔夜交易。

隔夜交易中，交易者可以通过观察亚洲市场的走向进而下单交易。如果你决定参与隔夜交易,那么你可以在家中电脑的交易系统设置限价单。

当晚上你在睡觉时,亚洲市场的交易者正在积极进行外汇交易。一旦价格符合你的限价买入指令,那么系统就会自动为你买入,并在预先设定的止损止盈点自动平仓。

外汇交易获得成功的关键是获利。首先你应该问自己的问题是现在是进行外汇交易合适的时间吗?如果你认为是,那么接下来需要思考是持有某货币对的空头更有可能获利还是应该持有多头更有可能获利。

当然具体交易中你还需要仔细考虑很多问题,但你现在一定会好奇为什么国际市场没几天就会上下变动。

无论是股票交易、外汇交易或者是贵金属市场,都是有升必有跌,当交易者在持有某头寸直至市场达到某一价位时,交易者会选择卖出平仓结利,此时原先上升的趋势就会变为下降的趋势。

这种情况下交易者一定会困惑在国际市场于前几个交易时段内呈上升趋势同时亚洲市场已经持续下跌两三天的情况下什么是完美的交易时点。

一种交易策略是做空欧元/瑞士法郎及澳元/美元,并做多欧元/瑞典克朗。

当每笔头寸使用9%—11%的资金时,你将获得市场风险厌恶情绪所带来的收益。外汇市场通常每个月有几天是追求风险的,但尔后又会转为风险厌恶。为了按照这一模式进行交易,你应该在交易者打算抛售风险资产时持有风险水平较低的头寸。

做空欧元/瑞士法郎、澳元/美元并且做多欧元/瑞典克朗将可以在全球市场风险报酬降低时形成完美的对冲。

目前你只持有美元的多头进行对冲,原因是美元的走势难以预估。美元是世界上交易量最大的货币,因此,无论你相信与否,美元的走势是很难预测的。当进行隔夜交易时欧元以及套利交易的走势比较好预测。

为什么?原因有几点。其中一点是由于在欧洲市场或是美国市场随亚洲市场例如东京市场及香港市场下跌时,套利交易被认为是风险很高的交易。多数外汇交易者会平掉多头澳元、墨西哥比索、新西兰元或是南非兰

第8章 如何寻找好的交易机会

特头寸，因为这些货币风险更高，同时交易者会买入美元。

在这种市场环境下另一种交易策略是做多瑞士法郎同时做空欧元，做空瑞典克朗同时做多欧元。瑞士法郎会相对欧元增值，这是因为瑞士法郎一般价值价位稳定。另外，瑞典克朗相对于欧元而言风险水平更高，因为瑞典克朗被认为是"高 β 货币"。这意味着瑞典克朗的价值相对于美国股市及欧洲股市的变化会产生大幅波动。

更多关于隔夜交易的说明

在周日到周四的晚上我们可以了解市场未来一段时间可能的走势。你可以估计时点是否合适进行隔夜交易，但你也需要决定进行风险较高的交易还是规避风险。在你进行这样的决策时，你可以考虑是作为顺势投资者还是逆向投资者，逆向投资者就是与大众的投资方向相反的交易者。

你应该通过各种新闻渠道时刻关注市场动向及自己的交易情况。有时候你会发现市场大致方向已经形成，这会使你意识到亚洲市场可能会在未来某时点发生反转。

当香港市场或是东京市场 sit at the top of another position, such has 0.65%—1%，那么这就是适合准备隔夜交易的时点了。

如果万事俱备，那么就拿出你的计算器计算一下应该建立多大规模的头寸吧。你可以使用比率帮助你计算每笔交易大约是占用9%—11%的保证金。记住任何时刻保证金最多被占用三分之一，因此现在你应该将每笔交易所占的保证金限制在 9%—11%，即总体占用保证金的比例限制在 27%—33%。占用这一比例的保证金可以使交易者在出现亏损时有时间缓冲，66%还未使用的保证金允许更大的浮动损失，避免受到催缴保证金通知。在过去的两三天中市场或许经历了大幅的上升，并且市场行情显示亚洲市场可能会下降 0.75%—1.0%，那么按百分比计算，澳元/美元货币对会相对于瑞士法郎/欧元货币对下跌更多。

瑞典克朗相对于欧元而言会大幅下跌，原因是其价值与美国及欧洲股市同向变化。当美国股市下跌时，做空瑞典克朗将很有可能为交易者带来收益。做空瑞典克朗时，你可以相应做多美元或欧元。

当你遇到上述市场情况时，你应该使用4%的保证金做多欧元/瑞典克朗，4%的保证金用于做空澳元/美元，2%的保证金用于做空欧元/瑞士法郎，当美元价值上升时交易者可获得收益。另外在欧元上升时你也有可能获得收益。

上述交易策略中包含对冲策略。假设当欧元价值上升时你的收益为2（因为用4%的保证金做多欧元/瑞典克朗），那么在欧元下跌时你的损失为1（因为用2%的保证金做空欧元/瑞士法郎），当全球其他外汇交易者不知道如何进行欧元/美元货币对的交易时，你已经建立好了能够对冲部分风险的头寸。

上述例子展示了交易者如何参与欧元/美元货币对的交易。

参与外汇交易应该是一个有趣的过程，其中一点就是交易者需要计划如何交易，如何对冲。这需要一段时间的深入研究，但你会发现这些用于学习的时间是值得的。

设计一个对冲的交易策略有时候很有挑战性，但持有三个头寸有时候可以有效降低这个问题的难度。

现在你可以决定盈利水平了，交易中，以多头为例，建议在价格上升0.5%时设置止盈点，在价格下跌1.5%时设置止损点。这样交易获利的概率就比损失的概率大三倍。

不要忘记，外汇交易的目的是盈利，获利的交易数量越多，账户中资金越多，作为交易者你也将越发自信。这进而会使你收获更多的利润。

不断获得收益，这才是最终目标。

套利交易

还有一笔资金被分配给套利交易，这是种长线交易并且能够以复利计算为你带来利息收入。套利交易中交易者卖出收益率低的货币，买入收益率高的货币。市场上收益率低的货币有日元、美元和瑞士法郎。

套利交易之所以能够为投资者带来利润是因为交易者支付较低的利息

第8章 如何寻找好的交易机会

成本但同时收入较高的利息收入。如果交易者通过买入新西兰元卖出瑞士法郎进行套利交易，他将获得买入新西兰元所带来的利息收入同时支付卖出瑞士法郎所带来的利息成本。如果瑞士法郎的利率为0.5%而新西兰元的利率为3.5%，那么每年你能获得的利差是3%。3%听起来可能比较少，但计算真实收益率时还需要考虑杠杆，如果你使用保证金的三分之一进行交易，并将杠杆设置为50∶1，那么你的年收益率为50%（利息：$100×50=5000×33%=1665×3%=$50，账户保证金为100美元）。

有时候你会发现在某市场环境下一笔交易可以长达数年。一个例子就是2005年至2008年中的套利交易。交易货币有澳元、新西兰元以及日元。而随之而来的2008年至2009年的金融危机使套利交易者改变交易方向或是不再参与套利交易。

当你进行套利交易时，不要设置止盈点，你不应该频繁关注交易情况，每两周查看一下就够了。过一段时间你会发现套利交易已经获得了不少利息收入，同时买入货币还有可能相对卖出货币升值。

从保守的角度来说，假设交易澳元/美元，当市场可能将要面临3%—4%的修正时，你可以快速平仓。不要忘记你使用了50∶1的杠杆，市场上升4%意味着为你带来了200%的收益。

让我们看下面这个例子，投资组合总额为10000美元，你使用5%的资金用于套利交易，如果上述市场情况发生，那么你将获得1000美元的收益。

$10000×0.05×50×0.04=$1000

套利交易可能会持续好几个月甚至是好几年。你需要确定你可以接受如此长的持有期，但所幸是套利交易并不需要你每天花费心力密切跟踪或是进行操作。如果你的套利交易盈利状况良好，那么半年的收益可能会达到8%—10%，这一收益指的是资本利得，是还没有计算利息收入时的利润率。按照这一收益率计算，这相当于6个月前500美元的投资如今获得2500美元的收益。

这一收益水平比较高并且不需要你花费太大精力，除了需要交易者保

外汇交易入门

持耐心。有时候交易确实是考验人的耐性,等待才会换来收获。

现在你知道将资金分成几块分别用于不同类型的交易的优势了。无论是超短线交易、刷单交易、隔夜交易还是长期的套利交易,他们各有各的特点,每种交易适合的市场环境也各不相同。

练习题

1. 成功的外汇交易中重要的因素之一是等待出现_____再下单(   )。

   A. 利好消息

   B. 交易机会

   C. 规避风险时期

   D. 风险上升时期

   E. 上述所有

2. 风险上升时期一笔好的交易是做多高收益货币,做空低收益货币。(   )

   A. 对

   B. 错

3. 通常交易者认为的风险较高的货币是(   )。

   A. 澳元

   B. 瑞典克朗

   C. 匈牙利福林

   D. 瑞士法郎

   E. A、B 和 C

4. 市场通常会趋势性发展并在某一趋势持续若干天之后改变方向。(   )

   A. 对

   B. 错

5. 进行长线交易最好的一种方法是（   ）。

A. 占用大量保证金

B. 占用少量保证金

C. 占用少于33%的保证金

D. B 和 C

6. 短线交易占用更多的保证金。（   ）

A. 对

B. 错

7. 当进行刷单交易时，最好使用（   ）。

A. 30秒图

B. 1分钟图

C. 短时间周期图

D. 由于交易持有期短，因此无所谓使用那种时间周期的技术分析图

E. A、B 和 C

8. 控制隔夜交易风险的方法是（   ）。

A. 限制隔夜交易所使用的保证金

B. 交易不同的货币以分散风险

C. 同时进行风险型交易及避险型交易以进行分散化交易

D. 上述所有

9. 交易量最大的货币对是（   ）。

A. 欧元/瑞典克朗

B. 欧元/瑞士法郎

C. 欧元/匈牙利福林

D. 欧元/美元

10. 欧元/美元属于较难预测走势的货币对。（   ）

A. 对

B. 错

第 9 章　企业如何运用外汇交易

在本章中，你将了解到：

- 外汇交易在应付账款和应收账款中的应用
- 什么是汇率风险
- 外汇交易远期汇率的基础知识
- 运用远期外汇协议的基础知识
- 运用期权进行外汇交易的基础知识

第9章 企业如何运用外汇交易

外汇交易除了为你提供提高投资组合收益率、以保证金交易获得更多利息收入以外，本章还将要为你介绍第三种应用方法，即使用衍生品进行交易。衍生品交易可以使交易者对冲头寸风险，外汇衍生品（其价格由其他基础产品的价格决定，因此被称为衍生品）用于控制外汇交易中的风险，使用的主体经常是公司，在公司未来将从某外国公司收到一笔外币货款或是支付一笔外币货款时，公司常使用外汇衍生品控制风险。

换句话说，交易者以获利或以对冲其他投资产品为目的在现货市场上买卖外汇。对于非零售客户，即大型机构投资者，例如多策略对冲基金会选择在现货市场上进行外汇交易以获取利润。他们可能会做空欧元、美元或是其他货币，他们这样做大部分原因都是为了获得更多利润。

买卖外汇衍生品则多出于控制风险的考虑，目的是防止未来的支出或是收入因货币价格变动而增加或是减少。公司由于未来支出/收入的外汇相对本国货币价值增加/减少，这一风险被称为汇率风险。

使用远期外汇协议

最好的展示方法是通过一个例子，例子中描述的是跨国企业的财务主管如何使用远期外汇协议控制汇率风险。在本例中，你的公司是设立在美国的商用飞机发动机制造企业，公司生产的"超级涡轮"型发动机使用于波音757客机以及空气喷射器。公司刚收到一笔订单，订购10个"超级涡轮"型发动机。这笔订单来自于瑞士的一家飞机制造商。

由于完成这笔订单需要6个月，瑞士的飞机制造商先期支付一半的货款，另一半货款在收到货物时支付。

每个发动机的劳动力成本是15000欧元，购买零部件的成本是25000

外汇交易入门

美元,每个发动机的售价为 375000 瑞士法郎,货运费用由瑞士飞机制造商支付。

前面提到了,你的公司在美国,营运部门决定从美国购买各种零部件。但由于爱尔兰劳动力成本比美国本土劳动力成本要低,因此公司决定在爱尔兰生产这批发动机。爱尔兰是欧盟成员国,所以所有的劳动力报酬、福利、税费等都需要用欧元支付。

这笔订单于 20××年 1 月 1 日生效

公司为瑞士的飞机制造商制造 10 个"超级涡轮"型发动机

劳动力成本:1500000 欧元

零部件成本:750000 美元

货款:3750000 瑞士法郎

20××年 1 月 1 日汇率

欧元/美元 1.30

美元/瑞士法郎 0.98

20××年 1 月 1 日的 6 个月远期汇率

欧元/美元 1.50

美元/瑞士法郎 1.05

在上述情况中,公司需要支付 750000 美元用于购买零部件,1950000 美元用于支付劳动力报酬(€ 1500000×1.3 = $ 1950000)。生产的总成本为 2700000 美元。

这笔交易如果在合约签订当天收到货款则应收入 3751428 美元(3750000CHF÷1.05 = $ 3751428)。

如果所有收支都在合约签订当天完成,那么这笔交易的收入为 $ 3751428 - $ 2700000 = $ 871428。

再回顾一下,公司为生产发动机需要支付美元及欧元,同时这批发动机将卖给瑞士的一家飞机制造商,并且货款将以瑞士法郎支付。由于该公司位于美国,因此这笔货款将被兑换为美元。

那么现实情况中劳动力报酬并非是在期初一次性支付的,在生产发动

第9章 企业如何运用外汇交易

机的六个月期间,每两周支付一次报酬,这部分资金如何计算呢?

现实情况中,这部分支出将通过找到即期汇率的平均值进行估算。那么如何找到欧元/美元汇率在六个月中最好的估计值呢?最简便的方法是看六个月的远期汇率。

远期合约是一种金融衍生工具。合约双方约定在未来某一时刻按约定的价格买卖约定数量的金融资产。一个简单的描述远期合约的例子是腊肠比萨的订单。当你打电话向隔壁比萨店订一个芝士腊肠比萨,然后店员告诉你"总价为27.50美元并且20分钟后送到",此时你就已经买入了远期合约。你同意在20分钟后以27.50美元买入一个芝士腊肠比萨。相应的,比萨店同意在20分钟后以27.50美元卖出一个芝士腊肠比萨。

远期合约中存在交易对手风险,即交易对手有可能违约不进行交割。换句话说,可能你在订完比萨之后决定吃汉堡,并在比萨送达之前离开家到汉堡王买汉堡。送比萨的快递员到达时并无法将比萨卖给你,因为你已经不在家了,你已经"违约"了。但同时可能由于餐厅生意很好并且今天天气不好,所以快递员不想外送比萨,快递员可能会"违约",而你只能和朋友们一起在没有比萨吃的情况下看比赛。

远期汇率每天更新并公布,从远期汇率中你可以知道对未来汇率的最佳估计值。

从远期汇率来看,你可以发现市场预期欧元走强。由于你需要向劳动力支付欧元,因此劳动力成本会随着时间的推移上升。幸运的是,你可以通过购买远期合约控制成本。

你决定买入期货以控制劳动力成本。就如之前介绍的一样,期货合约是指由期货交易所统一制订的、规定在将来某一特定的时间和地点交割一定数量和质量实物商品或金融商品的标准化合约。

交易者同样可以投资于期货合约以获得收益。你从远期汇率中得出结论欧元会相对于美元升值,这意味着在未来你将需要使用更多的美元兑换欧元。换句话说,在生产发动机的六个月期间,美元会逐渐相对于欧元贬值。

由于在未来你需要买入欧元,并且美元将逐渐贬值,因此你买入欧元期货合约。当欧元相对美元逐渐升值时,你也会获得其升值带来的收益。

另外,在期货交易中,盈亏是每日结算的,换句话说就是在参与期货交易时,每天的盈亏都会在当天显现在交易者的账户余额中。另外,期货交易中也允许交易者进行保证金交易,杠杆率与外汇交易同样可以设置为很高的水平。就像外汇账户一样,期货账户资金也会随汇率的变化而变化,不同的是,保证金足够的前提下,外汇交易中只有在交易平仓之后才会在账户中增加收益或扣除损失,而期货交易中并非如此。由于存在逐日盯市制度,因此随着汇率的变化期货交易账户中的余额在每天都会产生变化。损失会从保证金中扣除而收益会使保证金增加。图9-1显示了芝加哥商品交易所2013年12月的欧元期货合约(6EU13.CME)与欧元信托基金间的关系。

事实上逐日盯市制度对以对冲为目的的交易者而言是有利的。由于欧元相对于美元升值,因此你所花费的劳务成本也会与日俱增,因此在爱尔兰生产发动机的成本会越来越高。但如果买入欧元期货,在欧元相对美元升值导致劳务成本增加的同时,欧元期货在为你带来收益。每一笔由于欧元价值上升导致的额外支出都可以从期货交易中收回,二者是同步的。换句话说,当你在外汇的现货市场面临损失时,你将在期货账户中收回这部分损失。事实上,在期货市场建立完全对冲现货市场的头寸是有可能的。换句话说,你在现货市场每损失1美元,就可以在期货市场获得1美元。

回顾一下:劳动力报酬支出时点分布在6个月内,并以欧元支付。公司必须每两周将美元兑换为欧元用于支付劳动力报酬。当合约签订时外汇市场欧元兑美元的即期汇率为1.30,而欧元/美元的6个月远期汇率为1.50。这对你而言是件糟糕的事情,随着时间推移,欧元会变得越来越贵,所以你决定买入欧元期货,这样在欧元走强的同时你可以从期货市场获得收益。现在你所需要支付的劳动力报酬已经被锁定在固定汇率,尽管

第9章 企业如何运用外汇交易

你还是每两周支付一次报酬。

那么还有一半货款是6个月后收到,这部分瑞士法郎如何运作呢?

观察图9-1,瑞士法郎6个月的远期汇率为1.05。由于有一半货款是在合约签订时支付的,因此你只需要担心1875000瑞士法郎的价值变动。

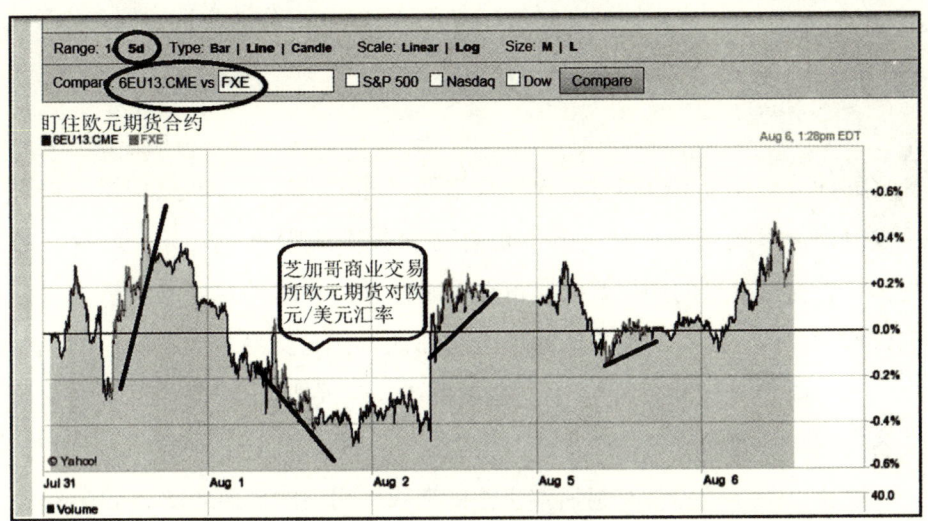

图9-1　2013年12月到期的6个月欧元期货合约与欧元信托基金

合约签订时瑞士公司支付1875000瑞士法郎,汇率为0.98,相当于1913265美元。六个月的远期汇率为1.05,这意味着在六个月之后公司仅能收到1875000瑞士法郎/1.05=1785714美元。

在本例中,瑞士法郎相对贬值,你将收到瑞士法郎,但兑换为美元之后价值减少。这批发动机的总收入为:

20××年1月1日　　1875000CHF＝＄1913265

20××年7月1日　　1875000CHF＝＄1785714

没有对冲情况下总货款　　　　＄3698979

为了避免上述情况带来的损失,你决定进入期货市场。由于你了解瑞士法郎的走势可能呈下跌趋势,而且你需要在六个月后将瑞士法郎兑换为美元,因此你买入期货合约,该合约在瑞士法郎相对贬值时获得收益。

你同样知道可以通过买入期货合约使得期货中的收益与现货中的损失同步变化。换句话说，如果6个月后即期汇率为1.10，这意味着你将面临更多的损失，但你在期货市场同时会获得更多的收益。

运用对冲的手法可以为交易者锁定支出与收入。

使用期权对冲汇率风险

同样，交易者可以通过进入期权市场对冲汇率风险。期权是指在未来一定时期可以买卖的权利，但不负有必须买进或卖出的义务。期权交易中，买者支付少量的期权费以获得在未来以某一预先约定好的价格买卖标的资产的权利。以费城交易所的瑞士法郎期权作为交易对象，期权的执行价格基于美元/瑞士法郎的汇率。在本例中，美元/瑞士法郎的汇率为费城交易所瑞士法郎期权的标的资产。

图9-2展示了费城交易所瑞士法郎期权一周内的价值变动。

图9-2　费城股票交易所瑞士法郎期权

第9章 企业如何运用外汇交易

在本例中,你可以选择买入 6 个月后交割的 1500000 欧元期权,期权与期货类似,但期权只赋予买者权利,而没有必须进行交割的义务,即 6 个月后你并不是必须买入 1500000 欧元。这就是期权的特征:买者根据期权到期后的市场状况决定是否要执行期权。

所以,你现在有两种选择。一是进行期货交易,将欧元兑美元的汇率固定在某一水平。如果你选择用期货对冲风险,那么你的支出按美元来算是不变的。这样一来你就不必再担心成本的上升,可以专心于制造生产了。

另外你还可以选择进行期权交易。利用期权进行对冲的好处是,如果你在现货市场上遭受损失,那么可以行权并获得收益,但如果现货市场的汇率转而对你有利,你也可以不行权,因为此时该期权是没有价值的。这与期权形成了对比,期货交易与现货交易像是反向的镜面反射一般,如果现货市场出现损失,那么期货市场就会相应获得收益,而如果在现货市场获得收益,那么期货市场就会相应遭受损失。期权并非如此,买者只有在对自己有利的情况下行权,期权赋予买者选择权。

当然,上述的情形都是简化的,并没有考虑利息成本、储存成本、交易成本等。尽管本书主要是讲解外汇交易,但本章试图简单介绍如何使用衍生品管理未来的费用及收入。

尽管是经过简化的例子,但也较为完整地描述了国际贸易中如何通过参与外汇市场来控制成本并保证收入。同时通过观察 6 个月或是 12 个月的远期外汇了解市场预期未来的汇率水平。这个例子同样使我们了解,除了在六个月后以即期汇率兑换货币外,我们还可以通过进行期货交易或是买入期权来对冲风险。这样现货市场出现的损失也可以用期货或是期权市场的收益弥补。最后,你只需要记得:期货锁定汇率,期权赋予你选择是否行权的权利。

练习题

1. 你可以根据远期汇率判断市场如何预期对未来汇率的走势。（　　）

   A. 对

   B. 错

2. 什么情况下交易者可以通过外汇期货的买卖获利（　　）。

   A. 汇率变得更高时

   B. 汇率变得更低时

   C. 汇率没有改变时

   D. A 和 B

   E. 上述所有都不对

3. 外汇市场的衍生品可以做到使衍生品的收益或损失与现货市场的收益或损失（　　）。

   A. 相等

   B. 相反

   C. 反方向共同变化

   D. 损失

   E. B 和 C

4. 在未来某时间以某约定价格买入某产品的口头协议被称为（　　）。

   A. 期权

   B. 卖权

   C. 买权

   D. 远期

5. 由于期货市场实行逐日结算制度，因此每日交易的损失或是收益都会在当天反应在账户余额中。（　　）

   A. 对

第 9 章 企业如何运用外汇交易

B. 错

6. 与衍生品的价值相关的基础金融产品被称为（   ）。

A. 外汇坐标

B. 基本交易

C. 相关资产

D. 标的资产

7. 跨国企业的财务主管在预防汇率风险时有两个选择：（   ）。

A. 现货市场

B. 期货市场

C. 期权市场

D. 股票市场

E. A、B 和 C

8. 期权赋予买者买卖标的资产的（   ）。

A. 权利

B. 义务

C. 机会

D. 选择

E. A 和 D

9. 买权是期权中赋予交易者以约定价格买入标的资产的权利；卖权是期权中赋予交易者以约定价格卖出标的资产的权利。（   ）

A. 对

B. 错

10. 当现货市场的行情不利于交易者时，买入的期权能为交易者带来收益；当现货市场的行情有利于交易者时，交易者可以选择不行权，交易者只需在期初缴纳期权费，但在期权到期时不会产生任何损失。（   ）

A. 对

B. 错

总习题

1. 当做多货币相对于做空货币升值时交易者获得收益。（　　）

   A. 对

   B. 错

2. 外汇交易由两种货币组成，当一种货币价值相对于另一种货币价值变化时交易者获得收益或产生损失。（　　）

   A. 对

   B. 错

3. 外汇交易是_____一种货币同时_____另一种货币（　　）。

   A. 做多

   B. 做空

   C. 买入

   D. 卖出

   E. 上述所有

4. 做多一种货币同时做空另一种货币即是交易货币对。（　　）

   A. 对

   B. 错

5. 外汇的杠杆是以_____的形式买入货币（　　）。

   A. 贷款

   B. I.O.U（借据）

   C. 信用卡

   D. 上述所有

6. 杠杆_____了外汇交易的风险（　　）。

   A. 提高

B. 降低

C. 杠杆没有改变外汇交易的风险

D. 上述所有都不对

7. 外汇账户的杠杆率可以改变。（　　）

A. 对

B. 错

8. 通常杠杆率为（　　）。

A. 1.5∶1

B. 20∶1

C. 50∶1

D. 高于 50∶1

E. B、C 和 D

9. 外汇交易者在市场中很活跃这是因为（　　）。

A. 外汇交易只需要电脑以及网络就可以完成

B. 24 小时交易

C. 每周 6 日交易

D. 上述所有

E. 上述所有都不对

10. 与金本位相似的有（　　）。

A. 固定汇率

B. 黄金官价

C. 布雷顿森林体系

D. B 和 C

E. 上述所有

11. 做空某货币意味着（　　）。

A. 卖出该货币

B. 当该货币相对贬值时交易者获利

C. 买入该货币

D. 当该货币相对增值时交易者获利

E. A 和 B

12. 当你卖出某货币同时买入另一种货币时,你在交易（   ）。

A. 货币对

B. 资金

C. 证券

D. 汇率

E. A、B 和 D

13. 交易者有可能对同一种货币对的两种货币同时做多或同时做空。（   ）

A. 对

B. 错

14. "黄金窗口"的含义是黄金与美元以固定比率兑换。（   ）

A. 对

B. 错

15. 如今,世界上各政府以每盎司固定价格买入或卖出黄金。（   ）

A. 对

B. 错

16. 如果市场定价出现扭曲,假设说市场处于跌势,但你认为这是个好的买入机会,那么你是逆势交易者。（   ）

A. 对

B. 错

17. 如今,各国政府都保持一定量的外汇及黄金储备。（   ）

A. 对

B. 错

18. 在外汇交易中想要尝试超高杠杆的交易是很正常的。（   ）

A. 对

B. 错

19. 时刻关注____和____可以帮助你尽早做好交易准备（   ）。

    A. 市场预期

    B. 外汇网站

    C. 货币所在国的经济状况

    D. 尽可能多地学习外汇知识

    E. 上述所有

20. 市场风险偏好上升时能够获利的交易是做多经济增速较快国家的货币。（   ）

    A. 对

    B. 错

21. 外汇技巧可以通过学习提高，但风险容忍度或许不会改变。（   ）

    A. 对

    B. 错

22. 交易中最难的部分是学习如何防止情绪化交易以及不在贪婪的心境下交易。（   ）

    A. 对

    B. 错

23. 如果世界上的金融市场价格水平大幅变化同时交易者参与热情高涨，那么我们通常说市场（   ）。

    A. 规避风险

    B. 风险厌恶

    C. 风险偏好

    D. 缺少风险

24. 为了使自己的交易视角更加全面，在进行交易时交易者应在不同时间框架的技术分析图间相互转换。（   ）

    A. 对

    B. 错

25. 外汇市场中偏离正常价位水平的情况是由交易者对经济信息或是

技术指标发出的信号过度反应的结果。（　　）

A. 对

B. 错

26. "风险规避"的含义是全球投资者及交易者都将资金投向_____的领域（　　）。

A. 更好

B. 更差

C. 风险更低

D. 增长率更高

E. 能带来更高收益

27. "市场预期"是指新闻、论坛以及公众评论对经济状况、股市以及外汇市场所持有的观点。（　　）

A. 对

B. 错

28. 外汇交易者最好是寻找利可能性很小的交易大量下单。（　　）

A. 对

B. 错

29. 多数外汇交易者进行（　　）。

A. 长线交易

B. 短线交易

C. 交易者认为长短线无区别

D. 上述所有都不对

30. 外汇交易中的长线交易通常指持有期长达_____的交易（　　）。

A. 一年及以上

B. 若干个月

C. 直到退休

D. 买入并持有是最佳策略

E. 上述所有

31. 每个经纪商提供的交易软件都是不同的，这些交易软件被称为交易平台。（　　）

　　A. 对

　　B. 错

32. 专业的外汇交易者从盈利交易及亏损交易中总结经验，汲取教训，达到这一目的最好的方法是（　　）。

　　A. 长时间从交易中学习并积累

　　B. 使用虚拟账户

　　C. 记录交易日志

　　D. 上述所有

33. 学习如何下单的最好的方法是在虚拟账户进行操作。（　　）

　　A. 对

　　B. 错

34. 每个经纪商都有自己不同的交易系统，该交系统件被称为交易平台。（　　）

　　A. 对

　　B. 错

35. 在使用真实资金进行交易之前最好使用虚拟账户进行练习。（　　）

　　A. 对

　　B. 错

36. 成本平均法可以降低交易风险，该方法适用于（　　）。

　　A. 买入

　　B. 卖出

　　C. 上述所有

　　D. 上述所有都不对

37. 交易者以相同间隔对某货币对进行多次的买入或卖出的行为被称为（　　）。

　　A. 分散化

B. 平均化

C. 做多/做空

D. 金字塔建仓法

38. 金字塔建仓法一般有3、5、7个买入或卖出的时点。（   ）

A. 对

B. 错

39. 资本增值是指（   ）。

A. 由交易获得的盈利

B. 通过低买高卖获得的盈利

C. 通过利差获得的收益

D. A 和 B

40. 风险容忍度是指精神上与经济上对外汇账户产生损失的承受能力。（   ）

A. 对

B. 错

41. 在交易前仔细考虑自己的风险容忍度并根据自己的风险容忍度进行交易，这是十分重要的。（   ）

A. 对

B. 错

42. 外汇交易应该是一个令交易者享受的过程，为了使该过程充满乐趣，交易者需要（   ）。

A. 限制交易的风险

B. 限制杠杆率的大小

C. 只将适量的资金放置于外汇账户

D. 上述所有

43. 外汇交易的一个优点是可以与_____形成对冲（   ）。

A. 其他外汇交易头寸

B. 股票投资组合

C. 共同基金投资组合

D. B 和 C

E. 上述所有都不对

44. 如果交易频率提高,那么风险也会上升。(   )

A. 对

B. 错

45. 当把杠杆率从 500∶1 将至 50∶1,那么风险相应(   )。

A. 大幅度减小

B. 大幅度增加

C. 没有影响

D. 更能被投资者接受

46. 评级为 AA 以及 AAA 的债券被认为是(   )。

A. 风险很高的投资产品

B. 最好的投资产品

C. 风险最低的投资产品

D. 最安全的投资产品

E. C 和 D

47. 90% 债券 10% 外汇的投资组合可以在控制风险的前提下获得更高的收益。(   )

A. 对

B. 错

48. 如果你每日或仅是每周进行交易,你应该将外汇投资组合保持在(   )。

A. 高风险水平

B. 低风险水平

C. 与自己交易技巧相适应

D. 自己的风险容忍度以内

49. 激进型交易意味着更高的交易频率以及更高的杠杆。(   )

A. 对

B. 错

50. 市场中的交易者对利空及利好消息都十分敏感,根据这些消息进行交易的方法被称为( )。

A. 交易市场情绪

B. 风险寻求型交易

C. 风险规避型交易

D. 上述所有

E. 上述所有都不对

51. 交易市场情绪最佳的时间是等到( )。

A. 你拥有大笔的教育资金时

B. 市场信息表明"现在是好的进入时点"

C. 市场出现了巨大盈利及亏损

D. 无所谓,因为市场情绪难以预测

52. 集中的持仓会提高外汇交易的风险。( )

A. 对

B. 错

53. 降低交易风险最佳的方式是( )。

A. 根据国家进行分散化

B. 根据利率水平进行分散化

C. 根据产业进行分散化

D. 尽可能通过各种方法进行分散化

54. 了解在什么时间平掉获利头寸是一件十分困难的事情。( )

A. 对

B. 错

55. 外汇交易的风险很高,但交易者可以( )。

A. 通过低频率的交易降低风险

B. 通过分散化降低风险

C. 通过降低杠杆率降低风险

D. A 和 B

E. 上述所有

56. 短线交易者需要（　　）。

A. 交易时快进快出

B. 寻找利差交易机会

C. 寻找提高风险/收益比率的方法

D. A 和 C

E. 上述所有

57. 尽管你本意是做一笔长期的套利交易，但如果做多货币相对于做空货币大幅增值，你也可以在短期内平仓。（　　）

A. 对

B. 错

58. 做多高收益货币同时做空低收益货币通常会在股市行情上扬时获利。（　　）

A. 对

B. 错

59. 利用利差进行交易相当于（　　）。

A. 做多某货币的同时做空另一种货币

B. 做多高利率国家货币，同时做空低利率国家货币

C. 套利交易

D. 书单交易

E. B 和 C

60. 分散化投资可以根据地域、经济区、产业以及商品进行分散化。（　　）

A. 对

B. 错

61. 外汇交易中研究经济指标的过程是（　　）。

A. 研究不同国家的经济增长率

B. 技术分析

C. 研究央行网站

D. 基本面分析

62. 通常每种_____都对应一个央行网站（   ）。

A. 货币

B. 经济区

C. 地域

D. A 和 B

E. 上述所有

63. 由于外汇交易是通过交易_____进行的，所以交易者需要根据_____的走向决定是否下单（   ）。

A. 资金

B. 对冲

C. 货币对

D. 两种不同的货币

E. C 和 D

64. 一笔成功的套利交易不仅可以获得利差收入而且还能获得资本增值。（   ）

A. 对

B. 错

65. 技术分析运用数学、统计以及图表分析能力。（   ）

A. 对

B. 错

66. 通过两条不同的移动均线的交叉点交易者可以获得买入信号或是卖出信号。（   ）

A. 对

B. 错

67. 通常需要两台电脑进行外汇交易：一台用于交易，一台用于进行技术分析。（　）

A. 对

B. 错

68. 一些外汇交易者使用_____分析，一些使用_____分析，但最佳的方式是使用（　）。

A. 高/低

B. 基本面

C. 技术

D. 二者结合

E. B、C 和 D

69. 套利交易的原理是买入高利率国家货币卖出低利率国家货币。（　）

A. 对

B. 错

70. 如果某交易者浏览央行网站，那么该交易者很有可能在进行基本面分析。（　）

A. 对

B. 错

71. 经典的技术分析方法是观察 200 日均线与 50 日均线。（　）

A. 对

B. 错

72. 200 日均线与 50 日均线的交点可以向交易者发出买入或是卖出信号。（　）

A. 对

B. 错

73. 支撑位及阻力位可以显示_____和_____水平（　）。

A. 更高的

B. 更低的

C. 支撑

D. 阻力

E. A 和 B

F. C 和 D

74. 通过 200/50 日移动均线及 100/20 日移动均线分析市场得出的结论相似这是因为（　　）。

A. 它们除以 10

B. 它们除以 5

C. 它们的结果并不相似

D. 它们的走向大致相同

75. 通过交易外汇货币基金可以降低外汇交易中的风险。（　　）

A. 对

B. 错

76. 外汇货币基金类似于股票，二者的不同点是外汇货币基金只投资于货币市场，价值随汇率的改变而改变。（　　）

A. 对

B. 错

77. 最好对交易中所获得的盈利及利差收入作详细记录，以便在纳税时提供依据。（　　）

A. 对

B. 错

78. 提高外汇交易技巧意味着（　　）。

A. 即使在没有交易的情况下也随时关注市场变化

B. 使用虚拟账户练习

C. 保持交易记录

D. A 和 C

E. 上述所有都不对

79. 将交易的风险水平保持在自己能够承受的范围内可以使你成为

( )。

    A. 更成功的交易者

    B. 懒散的交易者

    C. 更轻松的交易者

    D. 上说所有都不对，无论怎样外汇交易的风险水平都很高

80. 最好将外汇交易的资金和应急资金区分开来。（ ）

    A. 对

    B. 错

81. "风险规避"及"风险寻求"是另一种描述市场情绪的方法。（ ）

    A. 对

    B. 错

82. 市场情绪为风险寻求时能够获利的交易是做多风险较高的货币同时做空风险较低的货币。（ ）

    A. 对

    B. 错

83. 风险较低的货币通常有（ ）。

    A. 较高的β值

    B. 较低的β值

    C. 较高的利率

    D. 较低的利率

84. 瑞士法郎、美元以及_____通常被交易者认为是风险较低的货币（ ）。

    A. 欧元

    B. 英镑

    C. 日元

    D. 上述所有

    E. 上述所有都不对，所有货币的风险水平都很高

85. 以经济增长为导向的国家通常有较高的（ ）。

A. 资本

B. 利率

C. 风险

D. β 值

E. B、C 和 D

86. 某种货币有较高的 β 值意味着这种货币的价值跟随美国股市的变化幅度很大。（   ）

A. 对

B. 错

87. 你在 CNBC 上听到今天外汇市场的风险情绪上扬并且你注意到标普 500 指数上升了 1.5%，这意味着你的_____上升的可能性很大（   ）。

A. 高 β 值的交易

B. 做多高收益货币的交易

C. 很难判断，因为外汇市场与股票市场相关性较小

D. A 和 B

E. 上述所有都不对

88. 市场上存在很多的根据趋势进行交易的人，但他们很可能在几天之后改变交易方向，因为（   ）。

A. 平仓结利

B. 底价抄底

C. 当市场上扬时它将持续上扬

D. A 和 B

89. 交易发展中国家的货币可以提高盈利水平但风险较高。（   ）

A. 对

B. 错

90. 当连续几笔交易都盈利了之后你应该停下来一段时间避免产生过度自信的情绪。（   ）

A. 对

B. 错

91. 制定一份紧急计划并不能帮助你实现经济独立的目标。（　　）

A. 对

B. 错

92. 为了减少长期套利交易中的风险，交易者最好谨慎选择交易中使用的杠杆。（　　）

A. 对

B. 错

93. 刷单交易是长线交易，持有期在6—12个月之间。（　　）

A. 对

B. 错

94. 预测汇率的一种有效方法是通过观察（　　）。

A. 即期汇率

B. 即期汇率+3

C. 股利贴现模型

D. 远期汇率

E. 上述所有都不对

95. 衍生品的价值与其标的资产的价值（　　）。

A. 关联

B. 相关

C. A 和 B

D. 上述所有都不对

96. 外汇衍生品的价值在标的资产上升或是下降时随之变化。（　　）

A. 对

B. 错

97. 外汇期权的价值基于该期权的（　　）。

A. 基础价值

B. 关联价值

C. 内在价值

D. 标的物

98. 外汇期货实行每日盯市结算制度，这意味着交易的盈亏每日都会反映在_____中（　　）。

A. 银行账户

B. 记分卡

C. 保证金余额

D. 统计表

99. 期权类似于期货，不同点是期权买者拥有买入标的资产的权利，并且没有必须买入的义务。（　　）

A. 对

B. 错

100. 企业可以运用外汇期货及期权作为未来收入或是支出的（　　）。

A. 风险管理工具

B. 对冲工具

C. 费用支出计划工具

D. 锁定未来汇率的工具

E. 上述所有

练习题与总习题答案

第1章练习题	1. D	2. A	3. D	4. A	5. D	6. D	7. D	8. D	9. D	10. C
第2章练习题	1. A	2. D	3. D	4. A	5. E	6. C	7. D	8. D	9. A	10. D
第3章练习题	1. T	2. B	3. D	4. D	5. D	6. A	7. A	8. D	9. A	10. A
第4章练习题	1. D	2. D	3. C	4. E	5. A	6. D	7. D	8. F	9. E	10. E
第5章练习题	1. D	2. E	3. E	4. A	5. A	6. B	7. A	8. D	9. A	10. A
第6章练习题	1. D	2. D	3. E	4. A	5. A	6. D	7. A	8. D	9. A	10. A
第7章练习题	1. A	2. B	3. A	4. E	5. A	6. D	7. E	8. A	9. E	10. E
第8章练习题	1. E	2. A	3. E	4. A	5. D	6. B	7. E	8. D	9. D	10. A
第9章练习题	1. A	2. D	3. E	4. A	5. A	6. D	7. E	8. E	9. A	10. A
总习题	1. A	2. A	3. E	4. A	5. D	6. A	7. A	8. E	9. D	10. E
	11. E	12. E	13. B	14. A	15. F	16. A	17. A	18. A	19. E	20. A
	21. A	22. A	23. C	24. A	25. A	26. C	27. A	28. B	29. B	30. B
	31. A	32. D	33. A	34. C	35. A	36. A	37. D	38. A	39. D	40. A
	41. A	42. D	43. D	44. A	45. A	46. E	47. A	48. E	49. A	50. D
	51. C	52. A	53. D	54. A	55. E	56. D	57. A	58. A	59. E	60. A
	61. D	62. D	63. E	64. A	65. A	66. A	67. B	68. E	69. A	70. A
	71. A	72. A	73. F	74. D	75. A	76. A	77. A	78. D	79. C	80. A
	81. A	82. A	83. D	84. C	85. E	86. A	87. D	88. D	89. A	90. A
	91. B	92. A	93. B	94. D	95. C	96. A	97. D	98. C	99. A	100. E

术语表

200 日移动平均线

将前 200 个交易日的收盘价取平均值并画成图表，是一个重要的技术指标。

自动平仓获利

通过外汇交易平台实现的在达到预定盈利目标后自动平仓的机制。交易者可以在交易平台上设定预期收益目标，这样一来即使交易者并没有在电脑旁进行操作也就可以锁定收益。

条形图

是一种可以显示货币对相对价值的图表。每根柱形代表着某一固定时间段内货币对价值的变动，并且交易者可以选择这一个固定时间段的长短。打比方说，如果交易者选择 15 分钟图，那么每根柱形就代表 15 分钟内货币对价值的变动情况。

券商研报

由外汇交易商市场研究部门发布的基本面分析及技术分析报告。一些财富管理公司会向其客户提供券商研报以供投资者参考。还有一些研报由独立的研究公司发布，这些研报仅供外汇交易商使用。

K 线图

技术分析图的一种，反映了某一时间段内货币对价值的变化，交易者可从 K 线获知在这个时间段内的开盘价，收盘价，最高价及最低价。在条形图中左侧横线代表开盘价，右侧横线则代表收盘价。

资本利得

这是投资的专业术语，即以买低卖高的方式赚取差价，包括外汇交易的获

外汇交易入门

利。长线获利和短线获利都属于资本利得。短线交易是指持有某一证券一年以内,与此相对应,长线交易是指持有某一证券等于或超过一年。这一区分十分重要,因为长线交易与短线交易的税率通常是不同的。

资本保值

一种将投资风险保持在最低的投资策略。以资产保值为目的的投资者通常将资金投资于稳定、安全的资产上,即使这么做获利较少。

利差交易

一种以获取利差为目的的长线交易策略,通常附加杠杆。这种交易策略由卖空一种低收益货币（又称为融资货币）,买入一种高收益货币组成。这相当于以很低的利率借入资金并获得另一货币的高利率。交易者通常持有利差交易长达数月甚至数年。利差交易也有可能为投资者带来巨大的收益,因为有时两种货币的利率差会很大。

中央银行

国家（或地区）最高的货币金融管理组织机构。投资者可通过中央银行网站了解该国家的利率、经济报告、通货膨胀率及其他重要的基本面信息。交易者可在国际清算银行网站（http：//www.bis.org/cbanks.htm）找到央行的表单。

商品货币

指主要的大宗商品净出口国的货币。商品货币多为高利率货币,因为商品货币国家经济增速通常较高。此类货币通常为高风险型货币且常用于利差交易。

市场修正

当外股票、大宗商品或是汇市场经历了较长时间慢速增长后经历了快速的下跌时,意味着市场进行了修正。市场修正通常是事件驱动型,这意味着修正常与特殊事件相关,但更频繁的诱因是羊群效应及获利平仓,在积累了一定收益后,多数交易者会选择平仓锁定收益,此时市场上的卖者多于买者。此时市场会变得情绪化。发生市场修正时,投资者可以使用逆向投资策略,这是建仓的好时机。

术语表

外来货币

一些不常被交易的货币。相对于欧元、英镑、日元、美元等在外汇市场活跃的货币而言,外来货币价值变动幅度较大,这些货币多来自于发展中国家,属于高风险型货币,其价值变化方向通常与货币使用国的经济增速相关。外来货币可能在某一时间在外汇市场倍受追捧,但当交易者不再看好该国经济状况时,其价值也有可能突然之间一落千丈。

基本面分析

基于一国的汇率、经济增长率及宏观经济环境判断该国货币未来走势的分析方法。

做多

即买入,相对于做空,即卖出。

利率差

高利率货币及低利率货币间的利率差。利率差是利差交易的基础,通常利差交易所买卖的两种货币利差在3%—5%之间。

投资级债券

由信用极高的主体发行的债券。通常是评级为AAA或AA的公司。同时许多发达国家的政府债券被列入投资级债券。

追加保证金通知

当某投资者损失惨重时,通常会接到追加保证金通知,账户拥有者如果在到期前未能上缴保证金,经纪商将为该投资者强制平仓。如果在最终期限前存入规定数量的保证金,账户则不会被强制平仓。

市场风险偏好

一种用于描述市场上投资者状态的用语。市场风险偏好有两种:风险型和保守型。当市场风险偏好为风险型,那么高风险型交易者通常会获取较高的收益,而保守型交易者收益表现差强人意。

隔夜交易

指在美国时间的晚上进行的外汇交易。投资者持仓一晚,通常在早晨(东部时间)平仓。在美国进行隔夜交易通常可以获得较高回报,因为在这一

外汇交易入门

时间段内外汇市场上欧洲市场及美国市场都处于开市状态。这种情况下欧洲交易者及美国交易者都在进行交易（东部时间 3a. m—8a. m），此时外汇市场会十分活跃，货币对加之变化较大。

金字塔建仓

指在确定总体投资金额后，将资金分成 3 份，5 份或 7 份，在不同时间买入建仓，这样就可以防止一次买入导致买入成本过高的风险。当平仓时也应遵循这个原则，分批卖出，这样可以使投资者在锁定收益的同时，仍留有仓位，便以在未来获得更高的收益。

风险/收益

一笔交易的风险与这笔交易的潜在收益。

刷单

一种快速进行外汇交易的方法，通常一笔交易从建仓到平仓不超过 15 分钟。相对于利差交易，刷单交易由于持仓时间短且短期内货币对价值变化小，因此占用更多的保证金。

技术分析

运用图表及统计方法估计货币对价值未来的变化方向，并寻找建仓及平仓的时机。

VIX 指数

VIX 指数是一种度量市场风险偏好的指数。VIX 指数较高意味着市场波动较大，交易者情绪紧张，VIX 指数较低意味着市场较为平静，投资者对市场前景较为看好。VIX 指数是根据标准普尔 500 指数期权波动性编制的。